Thomas Engelmann

Hugo ... und andere Katastrophen

Thomas Engelmann

Hugo ...
und andere Katastrophen

Satiren aus Deutschland

Rediroma-Verlag

Bibliografische Information der Deutschen Nationalbibliothek:
Die Deutsche Nationalbibliothek verzeichnet diese Publikation in der Deutschen Nationalbibliografie; detaillierte bibliografische Daten sind im Internet über http://dnb.ddb.de abrufbar.

ISBN 978-3-96103-311-9

Illustrationen: Claudia Seifert

www.rediroma-verlag.de
12,95 Euro (D)

DIE KRONE DER ERSCHEINUNG

Von Beruf bin ich - man verzeihe mir - Beamter. Das ist, allen gegenteiligen Behauptungen zum Trotz, ein sehr verantwortungsvoller Beruf, der mich zwingt, fast jeden Morgen ins Büro zu gehen, wo es sehr oft etwas zu tun gibt.

Das alleine nun wäre nicht einmal so schlimm. Doch um die richtige Einteilung sowohl von Zeit als auch von Arbeit zu finden – dazu bedarf es schon jahrelanger Erfahrung im Verwaltungsdschungel!

Eines Tages jedoch geschah es: Plötzlich und völlig unerwartet ging mir in meinem Büro die Arbeit aus!

Ich hatte wirklich alles getan, um sie über acht Stunden zu strecken, war sogar, wie es einem pflichtbewussten Beamten geziemt, planmäßig vorgegangen! Pro Vorgang zwei Stunden zur Bearbeitung, hieß es in diesem Plan.

Aber irgendwie musste ich mich verrechnet haben. Oder hatte ich den letzten Vorgang gar zu schnell bearbeitet?

Jedenfalls war mein Schreibtisch leer – und der Feierabend noch zwei Stunden entfernt.

Und ehe ich noch dahinter kam, dass ich beim letzten Schriftstück zu prüfen vergessen hatte, ob ich überhaupt zuständig sei, hatte der Amtsbote es mitgenommen!

Nun ja, das war eben nicht zu ändern.

Einen Moment erwog ich, meinen Nachbarkollegen zu besuchen, denn zwei Stunden können sich ewig dehnen. Doch dann ließ ich diesen Gedanken wieder fallen. Kollege Walter saß seit zwei Tagen über einem Termin, für den er „Fehlanzeige“ zu melden hatte. Dabei ließ er sich nicht gerne stören.

Also entschloss ich mich, meinen Arbeitsplatz aufzuräumen. Das wird von Zeit zu Zeit notwendig, schon der vielen Büroklammern wegen.

Zunächst spitzte ich alle Bleistifte sorgfältig an und sortierte sie der Größe nach in das dafür vorgesehene Fach des Schreibtischschälchens. Man muss da sehr behutsam vorgehen, denn gerade die mit „HB“ bezeichneten Stifte haben die hinterlistige Neigung, immer wieder an der Spitze abzubrechen!

Als Nächstes kamen die Kugelschreiber an die Reihe. Mittels eines komplizierten Auswahlverfahrens sortierte ich auch sie sowohl nach Größe als auch nach Farben in ein zweites Schälchenfach.

Die schwierigste Aufgabe hatte ich mir für den Schluss aufgehoben.

Nur Insider wissen, dass es unter den Büroklammern verschiedenartige Typen gibt, und alle diese Typen wurden bei uns auch verwendet!

Ich drohte fast den Mut zu verlieren, als ich den Büroklammerhaufen vor mir inspizierte.

Da lagen große, mittlere und kleine Klammern wild durcheinander. Und es komplizierte die Sache ungemein, dass es sich dabei sowohl um silber- als auch kupferfarbige handelte.

Seufzend machte ich mich ans Werk. Wahrscheinlich würde die Zeit gar nicht reichen. Ich würde den morgigen Arbeitstag noch zu Hilfe nehmen müssen!

Noch während ich mit diesem Problem beschäftigt war öffnete sich die Tür, und Andrea und Moni traten ein. Sie leisten mir öfter Gesellschaft, wenn es ihnen in ihren Büros zu langweilig wird. Nebenbei nutzen sie dann die Gelegenheit, von meinem Apparat aus privat zu telefonieren. Scheinbar klappt damit die Verbindung nach draußen besser, ich weiß auch nicht, warum. Und da Kollegen zusammenhalten müssen habe ich auch den

Anpfiff des Chefs wegen der vielen Privatgespräche auf der Monatsliste für Apparat 374 unwidersprochen und achselzuckend über mich ergehen lassen. Im Prinzip hat er ja Recht. Und es ist auch keine Entschuldigung, dass ich die Gespräche ja bezahle. Dienstleitung bliebt Dienstleitung!

„Ich muss mal schnell ein Gespräch anmelden", verkündete Moni, ließ sich auf einen Stuhl fallen und griff zum Hörer. Auch Andrea zog sich einen Stuhl heran.

„Hallo, Vermittlung? Ich hätte gerne ein Privatgespräch nach N. Ja, die Nummer habe ich: 83452. Friseursalon Calzolaio. Auf Apparat 374. Ja, ich weiß, dass das nicht meiner ist! Ja, Danke!"

„Na, ob du da noch einen Termin für morgen kriegst?", zweifelte Andrea, öffnete ihr Handtäschchen und begann, ihr Make-Up aufzufrischen.

„Ich muss es versuchen", seufzte Moni und legte den Hörer auf.

Ich hatte soeben die Auslese der kleinen, silbernen Büroklammern erfolgreich abgeschlossen und begann damit, sie - Spitze nach links, je fünf aufeinander - in einem weiteren Schälchenfach zu stapeln.

„Termin? Seit wann braucht man beim Friseur einen Termin!"

Andrea wandte den Blick von dem kleinen Taschenspiegel und sah mich stirnrunzelnd an.

„Na, das ist doch bei allen Friseuren so. Ich kenne keinen, der..."

„Aber ich!", unterbrach ich.

Ein Stapel Klammern kippte um, und ich musste von vorne anfangen.

„Das muss aber ein komischer Salon sein", wunderte sich die blonde Moni.

„Was verlangen die denn für einen Haarschnitt?"

„Fünf Euro fünfzig", gab ich Auskunft.

„Inklusive Haarwasser!“

„Fü...!“

Andrea blieb der Mund offen stehen.

„Teuer genug!“, fuhr ich fort und eröffnete einen neuen Stapel.

„Zwei Frisuren zur Auswahl: Rund- oder Faconschnitt. Es dauert höchstens zwanzig Minuten. Und mein Friseur hat noch einen großen Vorteil: er spricht während der Arbeit praktisch kein Wort!“

Moni lachte laut auf.

„Fünf Euro fuffzig! Und er erzählt nicht mal was! Na also - ich danke schön!“

„Du solltest wirklich mal zu einem gescheiten Friseur gehen“, riet Andrea und musterte mein spärliches Haupthaar strengen Blickes.

„Fünf Euro fuffzich - so sieht's auch aus!“

Ich unterbrach die Sortierung der mittleren silbernen Klammern.

„Na, hör mal...!“

„Doch, doch“, bekräftigte Moni.

„Dauerwelle oder so. Du hast ja den reinsten Rübenschnitt!“

Sie kicherte.

Verstimmt nahm ich meine mühevolle Tätigkeit wieder auf. Was ging diese beiden jungen Schnepfen eigentlich meine Frisur an? Jeden Morgen verwende ich viel Sorgfalt auf die Herstellung derselben: zwei Drittel der Haare nach rechts, wobei ich durch den eleganten Schwung einer Strähne die Kommerzienratsecken zum Verschwinden bringe. Dann ein wie mit dem Lineal gezogener Scheitel und das restliche Drittel der Haare nach links.

Diese Frisur ist ideal, waschfest und pflegeleicht!

„Die Frisur ist die Krone der Erscheinung“, bemerkte Andrea tiefsinnig.

„Stimmt!“, nickte Moni.

„Kein Wunder, dass du immer noch alleine bist!“

„Was hat das damit zu tun?“

„Du verwendest einfach zu wenig Sorgfalt auf deine Erscheinung. Deine Klamotten, die Frisur, wie gesagt, und so weiter“.

Jetzt wurde ich wirklich langsam böse!

Die Hose, die ich trug, hatte ich vor zwölf Jahren selbst gekauft. Und noch war nirgends eine glänzende oder abgenutzte Stelle zu entdecken. Und auch Schuhe und Jacke, die ich damals gleich mit gekauft hatte, waren peinlich sauber.

Darauf achtete ich streng!

„Wenn du ein bisschen mehr auf dich achten würdest hättest du schon längst wieder eine Freundin“, behauptete Andrea.

Das saß!

Es stimmte: seit längerer Zeit war ich wieder mal solo. Ob es wirklich daran lag?

Während ich mich den großen, kupferfarbigen Klammern zuwandte, versuchte ich, mich an den Namen des Friseursalons zu erinnern.

Calzolaio! Richtig, das war's.

Ob ich tatsächlich einmal einen Versuch wagen sollte?

Klar, einen Zwanziger würde es schon kosten. Aber das musste mir die Sache wert sein. Wenn der erste Blick der Frauen wirklich der Frisur galt - daran sollte es nicht liegen!

Andererseits: es kommt doch eigentlich auf den Menschen an, und nicht auf sein mehr oder weniger gelocktes Haar!

„Quatsch, neue Frisur!“, sagte ich laut und betrachtete grimmig die zwei umgestürzten Büroklammerstapel im Schreibtischschälchenfach.

„Ist doch alles bloß Geldschneiderei!“

Dann klingelte das Telefon.

*

Der Zufall führte mich am nächsten Samstag nach N.

Eigentlich hatte ich dort nichts zu tun. Aber da mir schon der erste Passant, den ich danach fragte, haargenau den Weg zur Schubertstraße beschrieb, wollte ich diesen hilfsbereiten Mitmenschen nicht enttäuschen. Schließlich war ich Manns genug, mich an Entscheidungen, die ich selbst getroffen hatte, auch zu halten!

Das einzige Gebäude der Schubertstraße, das kein Wohnhaus zu sein schien, war ein prächtiger Neubau aus viel Glas und noch mehr Beton. Riesige getönte Scheiben gestatteten einen Blick ins Innere. Vermutlich war ein wissenschaftliches Institut darin untergebracht, denn ich sah eine Menge weißbekittelter Damen, die, Fläschchen und seltsame Instrumente tragend, emsig hin und her huschten. Was die wohl da drin erforschten?`

Nachdenklich wandte ich den Blick nach oben, um ein Schild oder etwas Ähnliches zu entdecken.

Tatsächlich - da war ein Schild!

„Friseursalon Calzolaio. Damen und Herren!"

Donnerwetter!

Ich fühlte ehrfurchtsvolle Schauer meinen Rücken hinunter rieseln.

Natürlich würde ich nicht da hinein gehen! Schon das Betreten dieser geheiligten Hallen musste ein Vermögen kosten!

Während ich noch überlegte zeigte mir die spiegelnde Scheibe eine wohlbekannte, schreckliche Gestalt, die hinter mir die Straße überquerte. Einen Kopf größer als ich, fast doppelt so breit, mit einem weit über den Hosenbund ragenden Bauch und einer gepflegten Stoppelfrisur!

Der Schreck nagelte mich bewegungslos auf der Stelle fest. Und bevor ich noch reagieren konnte dröhnte eine wohlbekannte Stimme in meinen Ohren!

„He, Thom, warte!“

Für einen von Panik und instinktivem Fluchttrieb erfüllten Moment war ich versucht, mich kopfüber in die Scheibe zu stürzen, was der einzig mögliche Rettungsweg gewesen wäre.

Doch schon knickte ich unter einem mächtigen Donnerschlag auf meine rechte Schulter zusammen.

„Mensch, was machst du denn hier? Willst du da rein?“

Vorsichtig wandte ich mich um.

„Ach...Hugo...! Nein, nein, ich...“

„Wird auch höchste Zeit! Dein Krautacker kann mal 'ne anständige Durchforstung vertragen! Wenn du nichts dagegen hast werde ich dich begleiten“.

„Nein...Hugo...wirklich...ich....“

„Wann bist du denn bestellt?“

„Bestellt? Überhaupt nicht! Ich will doch gar nicht...“

„Ach so - deswegen stehst du hier rum wie der Ochs vor dem Scheunentor. Na, da kannst du von Glück sagen, dass du mich getroffen hast. Zufällig kenne ich nämlich den Maestro persönlich. Vielleicht kann ich ja was arrangieren. Komm mit !“

Meine schwachen Bemühungen des Widerstandes im Keime erstickend packte Hugo mich am Arm und zerrte mich zum Eingangsportal.

Ich muss allerdings zugeben, dass ich mich recht schnell mit der Unabwendbarkeit des Schicksals abfand. Schließlich würde es hier nicht viel anders sein als bei meinem Friseur auch: ich würde etwas warten müssen, dann würde ich mich auf einen Stuhl setzen, der Meister würde mir die Haare schneiden, ich würde den Inhalt meines Geldbeutels auf den Tisch des Hauses leeren. Und dann konnte ich gehen.

Also: je schneller ich das alles hinter mich brachte, um so besser!

Ein melodisches Glockenspiel, das den Schlager „Wo sind deine Haare, August, August“ intonierte, begleitete unseren Eintritt.

„Warte hier“, befahl Hugo, „ich werde mit dem Meister sprechen“.

Damit entfernte er sich.

Meine Füße versanken bis zu den Knöcheln im tiefen Flor des schweren Teppichbodens, ein wohltuender Duft verschiedener Parfüms kitzelte mein Riechorgan. Nur sehr gedämpft war Stimmengemurmel und das beruhigende Summen irgendwelcher Geräte zu vernehmen.

Gerade wollte ich meinen Geldbeutel nebst mir in Sicherheit bringen, als eine der jungen Damen im weißen Kittel auf mich zu schwebte. Sie zückte Papier und Stift, musterte mich einen Moment von oben bis unten, schüttelte den Kopf und seufzte.

„Name?“

„Entschuldigen sie bitte, aber ich...“

„Name? Halten sie mich bitte nicht auf, aber im Interesse aller Kunden muss ich darauf bestehen, dass sie mir die notwendigen Fragen kurz, knapp und präzise beantworten. Also: Name, Vorname, Geburtsdatum, Adresse, Geburtsort, Glaubensbekenntnis, Familienstand?“

Sie hatte Recht. Wie kam ich dazu, den ganzen Betrieb aufzuhalten?

„Haarfarbe?“

„Wie bitte? Das sehen sie doch!“

„Ich kann nicht wissen, ob die Farbe echt ist“, sagte sie streng und notierte „blond-braun“.

„Staatsangehörigkeit?“

„Deutsch. Aber wozu brauchen sie das?“

„Nun, sie könnten Irokese sein. Dieser Volksstamm...“

„Ja, ja, ich weiß“, warf ich hastig ein.

„Ich bin aber ganz bestimmt kein Irokese. Da bin ich ziemlich sicher. Übrigens bin ich auch kein Mönch, der eine Tonsur.....“

„Wann bestellt?“

„Ja, wissen sie, ich...“

„Fünfzehn Uhr dreiundvierzig“, half mir Hugo, der eben zurückkam, aus der Verlegenheit.

„Stuhl dreizehn“, sagte die Kitteldame, warf verächtlich den Kopf zurück und glitt von hinnen.

„Komm“, befahl Hugo wieder und schob mich vor sich her in den Salon, wo er mich auf den Stuhl mit der Nummer 13 drückte.

„Du wirst aufgerufen“.

„Aber Hugo - das dauert ja noch über eine Stunde!“

„Na und? Sei froh, dass er dich überhaupt noch dran nimmt! So, ich gehe schon mal vor. Wir sehen uns dann beim Maestro“.

Ich gab es auf. Gegen Hugo hilft nur Flucht oder Totschlag. Beides war hier nicht möglich, schließlich hatte man mich bereits fest eingeplant.

Misstrauisch sah ich mich um.

Rechts und links neben mir saßen mehrere Frauen und ein älterer Mann, der verzweifelt versuchte, seine vier Haare, die ihm noch geblieben waren, mit beiden Händen zu schützen. Doch unbarmherzig nahte das Verhängnis in Gestalt einer weiteren Kitteldame und seiner Frau, die den Widerstrebenden gnadenlos hinter sich her zerrten und mit ihm durch einen dunklen Samtvorhang im Hintergrund des Raumes verschwanden.

Dort drinnen schien der Meister höchstpersönlich zu wirken!

Ein Schauer überlief mich, und ich wandte den Blick schnell in die entgegengesetzte Richtung.

Hier standen mehrere gepolsterte Drehstühle neben riesigen Trockenhauben, in denen die Köpfe der Patienten restlos verschwanden. Ein Heer von Kitteldamen umschwärmte das Ganze, drehte an Knöpfchen, drückte Schalterchen und Hebel.

Ich spürte, wie langsam Panik in mir hoch kroch und meine Haare instinktiv von meiner Kopfhaut weg und dem Ausgang zustrebten. Einplanung hin, Einplanung her: es gibt selbst im Leben eines Beamten Augenblicke, in denen er es mit den Vorschriften nicht mehr so genau nehmen kann wie er eigentlich sollte!

„Nummer 13!"

Ich zuckte zusammen.

„Ja, bitte?"

Nanu - die Stunde war doch noch gar nicht um!

„Setzen sie sich!"!

Ein Drehstuhl vor einem Waschbecken. Was sollte ich hier? Oder gab es verschiedene Wartepositionen?

Zögernd ließ ich mich nieder.

Mit einem Ruck wurde ich herum gewirbelt und hatte das Waschbecken nun vor mir. Eine flinke Hand drehte an einem Hahn, Wasser rauschte ins Becken.

Langsam wurde ich neugierig. Bei meinem alten Friseur hatte es derartige Vorbereitungen nicht gegeben. Er hatte sich vor dem Schnitt nie erst die Hände gewaschen.

Immerhin: vom hygienischen Standpunkt aus war das ja wirklich zu begrüßen! Und dass der Kunde dabei sogar zusehen durfte zeugte wirklich von einer bemerkenswerten Integrität der Geschäftsführung!

Das Waschbecken war voll, der Hahn wurde zugedreht.

Jetzt bekam ich sogar noch einen großen, weißen Latz umgebunden, vermutlich, um mich vor Spritzwasser zu schützen!

Meine Hochachtung stieg ins Unermessliche!

Ich wollte mich gerade nach dem Meister umsehen, der nun wohl erscheinen musste, als ich eine zarte Hand im Genick spürte.

Knatsch!

Meine Nase stießt auf den Grund des Waschbeckens. Verzweifelt rang ich nach Luft - aber unter Wasser ist die äußerst rar!

Über meinen Hinterkopf, der sich noch im Freien befand, lief etwas Kaltes, Glitschiges, und eine nunmehr sehr energische Hand schien bestrebt, mir die Haarwurzeln weg zu massieren.

Ich musste husten und gab den letzten Rest Sauerstoff, den ich doch so notwendig zum Überleben brauchte, in großen Blasen von mir.

Endlich ließ der Druck nach und ich tauchte hastig und röchelnd wieder auf. Hustend und spuckend würgte ich einen Moment, atmete tief ein und versuchte, mich umzudrehen.

„he, sie, ich..."

Knatsch!

Zum zweiten Mal machte meine Nase Bekanntschaft mit dem Beckenboden. Die Massage setzte sich fort. Ein glühend heißer Wasserstrahl bohrte sich in meinen Hinterkopf und lief mir am Nacken entlang unters Hemd, um sich am Hosenbund zu stauen. Ich schrie auf, was sich unter Wasser sehr seltsam und eher wie das Atmen eines asthmatischen Walfisches anhörte.

Umsonst!

Zum Ausgleich folgte jetzt ein eiskalter Strahl, der meine Gehirnzellen lähmte und eifrig bestrebt war, seinem heißen Vorgänger zu folgen. Die massierende Hand tätschelte meinen Kopf, was meine Nase wiederum übel vermerkte, und kurz vor dem Tod durch Ertrinken ließ der Griff in meinem Genick nach und ich beeilte mich abermals mit dem Auftauchen.

Gierig rang ich nach Luft.

Inzwischen war man bemüht, meine Haare zu kämmen.

Durch die Feuchtigkeit war es jedoch verklebt und bildete Knoten, die dem Kamm Widerstand entgegen setzten.

In solchen Fällen gibt es zwei Möglichkeiten: man kann das Haar erst vorsichtig lösen und dann striegeln.

Oder aber man kann den Kamm mit Gewalt durchziehen!

Letzteres geht schnellere, und auch in einem Frisiersalon gilt „time is money!"

Schmerzgepeinigt unterdrückte ich gerade noch einen Schrei, als einige meiner Haarwurzeln kapitulierten.

Zwei große Tropfen rannen an meinen Wangen nieder.

Energische Hände drückten nun meine Haare von rechts und links und quälten sie so lange, bis sie, empört über diese Zumutung, zu Berge standen. Ein weißes Handtuch wurde wie ein Turban um meinen Kopf geschlungen und verknotet.

„So, nehmen sie bitte wieder Platz. Sie werden aufgerufen".

„Ja...aber...ich kann doch nicht in diesem Aufzug...!"

„Nummer Vierzehn, bitte!"

Verschämt schlich ich zu meinem Stuhl zurück.

Im Spiegel gegenüber bot scih meinen entsetzten Augen der Anblick eines ins Wassergefallenen Irren, der Beduinenscheich, Kleinkind und westeuropäischer Zuchthäusler in einer Person zu sein versucht.

Meine Nachbarinnen musterten mich mitleidigen Blickes und tuschelten miteinander.

Ein hübsches kleines Mädchen, etwa sechs Jahre alt, kam neugierig heran und blieb vor mir stehen.

„Onkel - hast du Läuse?"

„Karin!", rief die Mutter streng.

„Komm her und lass den Onkel in Ruhe! Du siehst doch, dass er was am Kopf hat!"

Die Kleine ignorierte den Zuruf und ließ den Blick von meinem Kopf bis zur Brust wandern. Als sie den großen, weißen

Latz bemerkte, den ich och immer trug, ging ein verständnisinniges Leuchten über ihr Gesicht. Sie drehte sich um.

„Mama - hat der Onkel auch immer beim Essen gekleckert?"

„Karin - sofort kommst du hierher!"

Das kleine Mädchenn warf mir einen vertraulichen Blick zu und kam noch näher heran.

„Darfst halt den Löffel nicht so voll machen", flüsterte sie.

„Tschüss, Onkel!"

Irgendwer hat einmal gesagt: „wer schön sein will muss leiden".

Das muss ein ganz hässlicher Kerl gewesen sein, zumindest, was seine Frisur betrifft.

Oder er hatte eine Glatze!

Endlich, nach einer weiteren halben Stunde Tantalusqualen, wurde meine Nummer erneut aufgerufen. Und prompt erschien auch Hugo wieder, um mich abzuholen.

„Also: der Meister wird sich deines Problemes persönlich annehmen", erklärte er mir, während wir uns auf den Samtvorhang zubewegten.

Ich war dabei etwas behindert, da der Latz für einen zwei Meter fünfzig großen Kunden zugeschnitten war und also bei mir am Boden schleifte. Zwei Mal trat ich leider drauf und musste mich an meinem Freund Hugo festhalten.

„Normalerweise", fuhr dieser unbeirrt fort, „hat er zwei Unterfriseure, denen er seine Weisungen erteilt. Aber wir sind alte Schulfreunde, und so konnte ich ihn überreden, selbst Hand an dich zu legen".

Tief beeindruckt und bewegt drückte ich Hugo die Hand.

„Ich danke dir. Aber eins muss ich noch wissen: wie soll ich ihn denn ansprechen?"

„Am besten gar nicht", erwiderte Hugo und schob den Vorhang beiseite.

„Sprich nur, wenn du gefragt wirst. Zur Begrüßung genügt eine tiefe Verneigung. Und vergiss nicht: derartige Künstlernaturen sind hochsensibel!"

Eine weitere Kitteldame nahm uns in Empfang und löste den Turban von meinem Kopf. Dann wies sie mich stumm zu einem einsamen Drehsessel, neben dem ein eleganter Herr in dunklem Anzug stand.

Ehrfurchtsvoll verneigte ich mich tief.

Hugo gab mir einen Rippenstoß.

„Idiot - das ist der Butler, der die Getränke reicht! Der Meister steht dort!"

Hastig wiederholte ich meinen Hofknicks in Richtung des Herrn in weißem Anzug auf der anderen Sesselseite.

Hugo drückte mich in die Polster.

„Das ist er, Maestro!"

Im Spiegel vor mir sah ich, wie der Meister die Augen gen Himmel schlug und den Kopf schüttelte.

„Tz,tz,tz - welch Proletenschnitt!Ihr Freund kommt wohl direkt aus der Wildnis?"

Hugo lächelte verlegen: „nun ja - man könnte so sagen!"

Der hochsensible Künstler seufzte und trat hinter mich.

„Mon dieu - die Kultur trifft eben immer wieder auf Ignoranten. Doch das Missionieren auf diesem Gebiet ist ja doch auch eine schöne Aufgabe".

Mit seinen sensiblen Gingern griff er in meinen Haarschopf, rieb die Haare prüfend, und riss schließlich kräftig daran.

Einige weitere, weit weniger sensible Haarwurzeln streckten daraufhin entnervt die Waffen und gaben nach.

„Autsch!", entschlüpfte es mir.

Gleich darauf hätte ich mir vor Scham in die Zunge beißen können!

Maestro schleuderte das Haarbüschel verächtlich zur Seite.

„Viel zu fein und viel zu dünn“, stellte er fest.

„Da hält nichts, nicht einmal die ordinäre Dauerwelle! Nun, wagen wir einen anderen Versuch...“

Er ließ sich einen Kamm reichen und stellte mit dessen Hilfe genau in der Mitte meines Kopfes einen tiefen Canjon her. Die Haare kämmte er ausnahmslos nach hinten und toupierte sie in Höhe des Hinterkopfes zu einem neckischen kleinen Knäuel.

„Phantastisch!“, rief Hugo.

Der Meister lächelte müde.

„Nun ja...ein Experiment...“

Sprachlos starrte ich in den Spiegel.

Etwas so absonderlich Häßliches wie meinen eigenen Kopf hatte ich noch nie gesehen! Meine Stirn dehnte sich jetzt bis zur Hälfte meines Hauptes aus. Erst dann begann die tiefe Schlucht des Scheitels, rechts und links gesäumt von den künstlich aufgebauschten Hügeln meines spärlichen Haupthaares. Gekrönt wurde das Ganze von dem erwähnten Knäuel auf dem Hinterkopf, das mich verzweifelt an den Dutt meiner verstorbenen Großmutter erinnerte.

So musste Abel ausgesehen haben, nachdem er den ersten Axthieb seines Bruders Kain erhalten hatte. Es war die Irokesenfrisur mit umgekehrten Vorzeichen!

Fassungsloses Stöhnen entrang sich meiner Brust.

„Vielleicht ein eine Spur zu progressiv und exzentrisch", wagte Hugo zu bemerken.

„Er ist das halt nicht gewohnt".

Der Meister hob herablassend die Schultern.

„Wenn sie meinen.....Aber mit Messer und Gabel essen kann er doch schon, ja? Nun - mehr kann ich nicht tun. Wir können es nur so lassen, wie es vorher schon war. Sein Haar ist einnfach zu fein!"

Noch einmal fuhr er mit dem Kamm über meinen Kopf - und gleich darauf erkannte ich mich wieder.

„Tut mir leid - das wärs", äußerte der Haarkünstler und begab sich eilig hinweg.

Die Kitteldame entfernte den Latz und Hugo zerrte mich, vor Wut schnaubend, vom Stuhl hoch.

„So eine Enttäuschung! Wie kann man nur mit derartigen Bindfadenhaaren zu einem Friseur gehen! Nun haben wir ihm umsonst die Zeit gestohlen!"

Ich folgte ihm zerknirscht zum Ausgang. Er hatte ja so Recht! Ich hätte mir das wirklich vorher überlegen sollen.

Aber nun war es zu spät!

An den meisten Ausgängen der Welt steht eine Kasse. So auch hier. Auf einem silbernen Tablett wurde mir diskret ein zusammen gefaltetes Blatt Papier überreicht.

Ich entfaltete es und las:

Waschen:	34,80 €
Haardekoration:	70,00 €
Beratung:	35,00 €
MwSt:	26,56 €
Summe:	166,36 €

Die Summe wird ohne Abzug sofort fällig. Wir bitten um Barzahlung.

Wir danken für Ihren Besuch. Beehren Sie uns bald wieder!

Eigentlich recht billig, wenn man bedenkt, dass mir der Maestro ja zwei Mal die Haare dekoriert - es aber nur ein Mal berechnet hatte.

So gesehen bestimmt ein Freundschaftspreis!

Frohen Herzens, endlich die Freiheit wieder zu erlangen, entleerte ich meinen Geldbeutel.

Es reichte gerade so!

Hugo war schon voraus gegangen; erst auf der Straße holte er mich wieder ein.

„Weißt du“, meinte er, „ich wundere mich ja eigentlich, dass du überhaupt in einen derart teuren Ladenb zu so einem Haarkünstler gehst. Scheinbar gehörst du auch zu den Leuten, die, wenn sie mal ein bisschen Geld haben, gleich damit protzen müssen!“

„Na hör' mal - gehst du nicht auch da hin?“

„Ich? Gott behüte! Viel zu exzentrisch!“, winkte Hugo ab.

„Aber meinen Friseur kann ich dir wirklich empfehlen. Nächstes Mal gehst du zu dem“.

„Was verlangt der denn?“, fragte ich misstrauisch.

„Fünf Euro Fünfgzig. Einschließlich Haarwasser!“

„Fü....!“

Mir blieb der Mund offen stehen.

„Teuer genug!“, befand Hugo.

„Aber zwei Frisuren zur Auswahl: Rund- oder Faconschnitt. Und mein Friseur hat noch einen großen Vorteil: er spricht bei der Arbeit praktisch kein Wort!“

Finstere Gedanken wälzten sich in meinem Hirn. Meine Hände öffneten und schlossen sich wie die Klauen eines Triebmörders. Und nur die Tatsache, dass uns ein Bekannter entgegen kam, verhinderte einen Lustmord.

„Hallo, ihr beiden“, rief Clemes.

„Wo kommt ihr denn her?“

„Ich war beim Friseur“, gab ich eilig Auskunft.

„Aber sag' mal, Clemens: findest du nicht, dass auch Hugo dringend mal zum Friseur müsste?“

Clemens musterte den Kopf von Hugo, der merklich unruhig wurde.

„Doch. Schon. Er hat ja den reinsten Rübenschnitt!“

„Nicht wahr?“, stimmte ich grimmig zu.

„Und dabei ist die Frisur doch die Krone der Erscheinung!

Übrigens....ich kenne da einen ausgezeichneten Salon........!"

DON CHIL MIT DEN GRÜNEN HOSEN

„Kommst du mit?“

„Nein!“

„Gut. Dann hole ich dich morgen so gegen vier Uhr ab. Ich komme lieber ein bisschen früher - du brauchst ja sicher meine Hilfe und meine Erfahrung. Also - bis dann!“

Dieses Gespräch fand an einem Freitagnachmittag auf dem Marktplatz unseres Ortes statt. Und als Hugo ging verfluchte ich meine unselige Idee, unbedingt Leberwurst essen zu wollen.

Der einzige Brotbelag, den ich noch zu Hause hatte, war ein schon leicht grünlich schimmernder Camembert gewesen. Der hätte es doch schließlich auch getan - schon der interessanten Farbschattierung wegen. Es hätte meiner Figur sogar gut getan, mein Abendbrot trocken zu verzehren.

Aber nein. Meine gemeinhin überdurchschnittlich ausgeprägte Selbstdisziplin hatte kläglich versagt. Die Gier nach Leberwurst war einfach nicht zu bezähmen!

Gespräche mit Hugo sind gefürchtet und laufen eigentlich immer wie beschrieben ab. Das Wort „nein“ existiert in seinem Wortschatz einfach nicht, und war von mir eigentlich auch nur aus alter Gewohnheit reflexartig geäußert worden.

Den Rest des Tages verbrachte ich mit erfolglosem Grübeln. Wohin würden wir morgen gehen? War es sinnvoll, die Badehose mitzunehmen - oder empfahl sich eher der Smoking, den ich gar nicht besaß?

Und dann die dunkle Drohung, ich würde seine Hilfe und seine Erfahrung benötigen. Wies das vielleicht auf so etwas wie eine Dschungelsafari hin?

Dann wäre es vielleicht doch angebrachter, Lindenblatt und Hackebeil zurecht zu legen!

Da die Lindenblätter in unseren Breiten nicht all zu groß werden könnte ich mir ja auch schnell noch aus dem Bettvorleger einen Lendenschurz zurechtschneidern.

Hugo hatte wieder einmal recht - wie immer. Ich würde seine Hilfe brauchen - zumindest, um zu erfahren, wohin es eigentlich gehen sollte.

Hugo ist großzügig genug, das Schatzkästlein seiner Erfahrungen jedem zu öffnen - er mag wollen oder nicht. Er hält sehr große Stücke auf dieses Kästlein - der Teufel soll es holen!

Pünktlich um drei Uhr am nächsten Tag erfuhr ich Genaueres.

Da ich allerdings nur mit Unterhose bekleidet und tropfnass gerade auf einem Bein vor dem Spiegel stand - das andere versuchte gerade verzweifelt, das zu ihr gehörende Hosenbein zu erhaschen - kostete es mich etwas Mühe, Hugos klugen Ausführungen zu folgen, denn ich war gerade dem Bade entstiegen.

„Es wird Zeit", behauptete Hugo, „dass du ein bisschen in Kultur machst. Da hapert's bei dir schon lange!"

„Aber ich lese doch regelmäßig die Kulturseite in unserer Zeitung", wagte ich schüchtern einzuwenden. Das Hosenbein verknäulte sich, da es nasse Beine nicht vertrug, und bildete einen interessanten Knoten.

Hugo wedelte diesen schwachen Protest mit einer energischen Handbewegung beiseite.

„Deshalb", fuhr er dann ungerührt fort, „werden wir heute Abend ins Theater gehen. In die Freilichtbühne, genauer gesagt. Don Chil mit den grünen Hosen - ein Klassiker!"

„Wer ist Don Chil....?"

Diese spontane und unbedachte Äußerung bereute ich sofort, denn Hugo verdrehte mitleidsvoll die Augen.

„Hab' ich mir's doch gedacht! Wo bei anderen Kultur und Bildung eine anmutige Symbiose eingehen klafft bei ihm ein schwarzes Loch! Kein Hauch des humanistischen Bildungsideals hat ihn je gestreift! Wilhelm Tell - Iphigenie - Wallenstein - Faust - Richard der Dritte - Hamlet - Don Chil.....nie gehört, wie? Und natürlich weißt du auch nicht, wie man sich auf ein solches kulturelles Ereignis vorbereitet, oder?"

Unter der Wucht dieser berechtigten Anklage spürte ich mein Selbstbewusstsein zerfließen und ich selbst drohte bereits, ihm zu folgen.

Doch da gab meine Hose zutiefst zerknittert den Kampf auf und gewährte meinen Beinen Einlass. Das gab mir Mut und ließ mein Selbstbewusstsein zögernd innehalten.

„Na ja: man geht hin und sieht zu, dass man rechtzeitig da ist, damit man noch einen gescheiten Platz kriegt......"

Hugos Brust entrang sich ein gequältes Stöhnen.

„Unfassbar! Geht einfach los - und das war's. Gott segne die Einfältigen, die unbefleckt von jeder Intelligenz frohen Herzens in den Abgrund marschieren. Das ist eine Freilichtbühne! Freilicht, verstehst du? Die Sache findet im Freien statt! Outdoor! Draußen! In der frischen Luft!"!

Mein Selbstbewusstsein zog sich verschreckt zurück und setzte seinen Weg fort. Ich spürte, wie ich in mich zusammen sank.

Natürlich - wieder einmal hatte Hugo Recht. Ich meinte gehört zu haben, dass bei den meisten Freilichtbühnen die Aufführungen unter freiem Himmel stattfanden. Ob das auch bei der unseren der Fall war wusste ich nicht genau - aber Hugo war da sicherlich bestens informiert.

Obschon zerknirscht nahm ich trotzdem den Kampf mit meinem Unterhemd auf.

„Wenn etwas im Freien stattfindet muss man für alle Eventualitäten gerüstet sein", setzte Hugo seinen Vortrag fort.

„Kannst du mir folgen?“

Das Unterhemd wehrte sich verbissen gegen meinen nassen Oberkörper, wich nur der rohen Gewalt und quittierte sie hämisch und rachsüchtig mit einem klaffenden Riss unter der dritten Rippe.

„Ja...schon...aber was soll da schon groß...ich meine...“

Auch diese leichtfertige und gedankenlose Bemerkung trug nicht gerade dazu bei, mich in Hugos Achtung steigen zu lassen.

„Klar, ich sag's ja: selig sind die Unbedarften! Und was tust du zum Beispiel, wenn es zur Nacht dann kalt wird? Oder ein Feuer ausbricht, ein Waldbrand, oder so? Oder wenn es zu einer Flutkatastrophe kommt? Oder zu einer Massenpanik? Oder wenn wilde Tiere angreifen?“

Gleichwohl es mir inzwischen gelungen war, Hemd und Socken zu bezwingen - die Socken allerdings nur unter Preisgabe der Fersen - konnte ich dieses Triumphes nicht so recht froh werden. Denn wie überzeugend und klar hatte mir Hugo wieder einmal seine überragende Intelligenz und kluge Voraussicht bewiesen! Nachts nahmen die Temperaturen im Freien manchmal ab - sogar jetzt, im Hochsommer. In dieser Hinsicht glaubte ich mich auf Hugo verlassen zu können.

Unsere Freilichtbühne befand sich im alten Gemäuer der Burgruine hoch über dem Ort.

Dort wuchs zwar außer Gras weder Baum noch Strauch - was daran lag, dass jeder Versuch dieser Pflanzen, dort Fuß zu fassen, von den Betreibern der Bühne gnadenlos und unbarmherzig unterbunden wurde, sogar mit Hilfe roher Gewalt.

Aber bildete Gras nicht die Grundlage für Flächenbrände?

Auch eine Flutkatastrophe war nicht so unwahrscheinlich. Immerhin lag das nächste größere Gewässer, ein saarländischer Stausee, nur knapp hundert Kilometer entfernt hinter den Bergen des Pfälzer Waldes - und wer wollte schon die Gewalten des Wassers unterschätzen?

Den Nagel auf den Kopf getroffen aber hatte er mit der Bemerkung zu den wilden Tieren!

Tatsächlich: außerhalb des drei Meter hohen Metallgitterzaunes, der das Burggelände umschloss, sollen wirklich schon Hasen, Rehe und sogar Wildschweine gesichtet worden sein!

Zwar nur kurz, denn sie hatten es immer recht eilig, außer Sichtweite zu gelangen - aber immerhin!,

Und schließlich durfte man den Zoo in L. nicht vergessen, wo es von wilden Tieren nur so wimmelte! Der war sogar nur vierzig Kilometer entfernt. Wie schnell hat eine ausgebüxte Boa Konstriktor diese lächerliche Entfernung mit den paar Bergen überschlängelt!

Und keine schützenden Mauern, kein Dach, nichts um einen herum, das vor der unvermeidlichen Katastrophe schützen könnte.

Mich schauderte!

Entsetzt kroch ich in mich zusammen. Gleichzeitig durchströmte mich aber auch eine tiefe Dankbarkeit Hugo gegenüber.

Was wäre ich ohne ihn!

Ein Nichts. Ein Blinder! Ein Schlafwandler, der ahnungslos auf dem Dachfirst spazieren geht. Ohne Hugo wäre ich gewiss schon tot.

Oder noch schlimmer: von einem wütenden Wildschwein ins Gebüsch gezerrt!

Dankbar sah ich meinen einzigen und besten Freund an.

„Na also!", röhrte Hugo.

„Und jetzt gehen wir ins Wohnzimmer und ich sage dir, was du alles bereit legen musst".

Die folgenden Vorbereitungen für den Theaterbesuch waren unter Hugos kluger und überlegter Regie in kurzer Zeit abgewickelt.

Da alles ja für zwei Personen berechnet werden musste und ich außer den Wolldecken und dem Vorderlader meines Urgroßvaters - ohne Munition, aber als Schlagwaffe durchaus brauchbar - nichts von dem im Hause hatte, was doch für diesen kulturellen Höhepunkt unabdingbar war, musste ich mehrfach zu Hugos Wohnung eilen, um mir das Fehlende von seiner Frau aushändigen zu lassen.

Doch Hugos Geduld war schließlich fast sprichwörtlich!

Nur meine Biervorräte nahmen bedrohlich ab.

Schon nach zwei Stunden war es so weit: wir konnten aufbrechen.

Bis zu dem Berg, auf dem die Burgruine thront, kann man mit dem Auto fahren. Den Gipfel selbst kann man nur zu Fuß erklimmen.

Ich muss leider zugeben, dass ich dabei leichte Schwierigkeiten hatte. Hugos Gesundheitszustand (Bandscheibenknoten am dritten Wirbel oder so ähnlich) ließ es nicht zu, mir beim Tragen behilflich zu sein. Also hatte er alles mehr oder weniger geschickt an mir befestigt.

Da nun der Weg, der sich drei Kilometer lang in steilen Serpentinen um den Berg herum zieht, von zahllosen Wurzeln durchflochten war, die einen anmutigen Kontrast zu den hübschen, hervorstehenden Steinbrocken bilden, rutschte mir ständig der Kochtopf (ausweglos von Feuer, Wasser, Elefanten umzingelt!) über die Augen. Die Feuerpatschen (Flächenbrand!) stießen mich ins Kreuz, der Rucksack mit Konserven für acht Tage (siehe Kochtopf!) schlug mir gegen die Oberschenkel, der Vorderlader (Wildschweine!) versetzte mir klatschende Kolbenschläge auf die Sitzfläche - kurz, es war nicht ganz einfach.

Dafür erntete ich manch mitleidigen Blick der anderen mit wandernden Besucher und hob das Ansehen der Requisiteure von Freilichtbühnen ganz entschieden! Zudem war es recht tröstlich zu sehen, dass ich in meiner Not nicht alleine war, denn zahllose

Familienväter schleppten sich ebenfalls wie Packesel den Berg hinauf.

Am beliebtesten schienen Wolldecken zu sein.

Doch ich entdeckte auch Moskitonetze, Wärmflaschen, Campingstühle, Sitzpolster, Laternen, einen Müllkübel (natürlich grün, in geschmackvoller Anlehnung an Don Chils Hosen), zwei Fahrräder, mehrere Hunde, einen abgedeckten Vogelkäfig, aus dem es öfter „Lora!" krächzte, und andere, lebensnotwendige Utensilien.

Immerhin konnte ich mit Genugtuung feststellen, dass keiner der anderen Hugos Weitblick besaß. Der Eintrag ins Guinness-Buch der Rekorde schien uns sicher!

Hugo verkürzte mir die Zeit, indem er mir den Schweiß von der Stirn wischte und nebenbei erklärte, wie die Eintrittsgelder verwendet wurden.

Danach gingen 60 % an die Gemeinde, der das Gelände gehörte, und halfen dort, Haushaltslöcher zu stopfen. 30 % erhielt der Regisseur, und der Rest wurde an die Laienschauspieler verteilt.

Endlich hatten wir die Arena erreicht, die nur von drei Teelichtern spärlich erleuchtet wurde, und ich wollte mich zum Kassenhäuschen vortasten.

Aber Hugo belehrte mich sogleich, dass dies unnötig sei. Unsere beiden Karten seien ihm vom Kulturreferenten der Gemeindeverwaltung geschenkt worden, der das Stück ein Mal und nie wieder gesehen habe.

Leise in mir aufkeimende Zweifel ob der Qualität der Darbietung schlug Hugo mit der Bemerkung aus dem Felde, da sähe man wieder einmal, was dabei heraus komme, wenn das Parteibuch wichtiger sei als die für einen solchen Posten doch so notwendige und vorauszusetzende klassisch-humanistische Bildung!

Ich kenne unseren Kulturreferenten, Herrn Professor Doktor Mähnhaar, nicht persönlich. In einem Zeitungsartikel zu seiner Inthronisation meine ich allerdings gelesen zu haben, dass er seine akademischen Grade in den Bereichen Musik, Germanistik und Kunst erworben hat. Doch diese schwache Argument war wohl nicht ausreichend, um Hugo gegenüber einen auch noch so leisen Widerspruch zu rechtfertigen!

Unsere Ansiedlung vor der Bühne brachte einige, allerdings unbedeutende Probleme hervor.

Zunächst ließ sich Hugos Campingliege nur schwer in die Reihe der primitiven Holzlattenstühle integrieren, sodass wir drei dieser Möbel in die hinterste Reihe transferieren mussten.

Das führte zunächst zu wütenden Protesten der betreffenden Inhaber!

Doch Hugos Hinweis auf seine Krankheit und eine nachlässig hingeworfene Bemerkung, dass er gerade eingewanderter, asylsuchender ausländischer Jude sei, erstickten jeden Widerstand im Keime!

Mit beschämt gesenkten Köpfen bedankten sich die lächerlichen Protestierer für seine Großzügigkeit, ihnen die Möglichkeit zu gewähren, das Stück von ganz hinten aus verfolgen zu können. Habe man doch von dort einen weitaus besseren Gesamtüberblick als in der ersten Reihe. Dann zogen sie sich devot zurück.

Auch das Aufstellen des Zeltes gestaltete sich nicht ganz problemlos, denn wir hatten leider nicht genügend Heringe dabei.

Doch Hugo wusste sich wie immer zu helfen.

Er bat zwei Besucher, sich kurz von ihren Stühlen zu erheben, und brach von den fünf Holzleisten der Sitzflächen kurz entschlossen jeweils die drei mittleren heraus.

„Aber...aber so kann ich nicht sitzen!“, jammerte einer der Stuhlinhaber.

Hugo musterte das schmächtige Männlein mit einem verächtlichen Blick.

Dann nickte er.

„Stimmt. Sie könnten durchrutschen. Na, dann tauschen sie mit ihrer Nachbarin. Die passt da eh nicht durch!"

Inzwischen war ich mit dem Aufblasen des Schlauchbootes beschäftigt, das etwa eine halbe Stunde später in äußerst reizvoller Weise das mittelalterliche Bühnenbild auflockerte.

Allerdings rief es auch den Regisseur auf den Plan, der sich in energischer Weise diesen befremdlichen Einfluss auf die Szenerie verbitten wollte.

Er scheiterte an Hugo, der ihm in kurzen, knappen Worten erklärte, dass das grüne Schlauchboot sehr wohl zu dem Stück passe - schließlich trüge Don Chil Hosen in der gleichen Farbe. Somit sei es ein verschlüsselter Hinweis auf die bekannte ökologische Ausrichtung des Stückes. Schließlich sei der Umweltschutz einer der wichtigsten Gesichtspunkte unserer Gesellschaftspolitik!

Dagegen ließ sich nur schwer etwas einwenden, weshalb sich auch der Regisseur diskret zurückzog.

Wer will sich schließlich schon nachsagen lassen, er inszeniere völlig unmoderne, nicht umweltfreundliche Theaterstücke?

Inzwischen hing ich halbtot und nach Luft ringend über dem Rande des Schlauchbootes - aber es war ja nicht Hugos Schuld, dass der Blasebalg ein Loch hatte. Und meine Lunge zeigte sich für das intensive Training äußerst dankbar!

Ein aufmunternder Zuruf Hugos veranlasste mich, noch das notwendige Schützenloch auszuheben (ausreichende Vorwarnzeit vergrößert die Chance der Gefahrenabwehr!), in dem ich mich dann samt Wolldecken und Vorderlader häuslich einrichtete.

Hugo kauerte sich am Rande des Loches nieder.

„Wenn die Aufführung schlecht ist muss es vor der Pause regnen!“, flüsterte er mir beschwörend zu.

„Was? Wieso? Aber warum? Was hat das...“

„Mann Gottes - du begreifst auch gar nichts!“

Wieder einmal hatte er Recht - wie immer. Zwischen schlechter Aufführung und zwangsläufigem Regen vermochte ich keinen ursächlichen Zusammenhang herzustellen.

„Wenn“, begann Hugo in dem geduldigen Tonfall eines Lehrers, der seinem schwachsinnigen Schüler beibringen will, dass eins und eins eben nicht drei ist.

„Wenn es vor der Pause regnet wird die Aufführung abgebrochen und wir erhalten das Eintrittsgeld zurück.“

„Ach so! Aber wir haben doch gar nicht....“

„Darum geht es nicht. Es geht ums Prinzip!“, dozierte Hugo würdevoll und zog sich auf seine Campingliege zurück.

Nun war die Nacht herein gebrochen; pechschwarze Finsternis herrschte um uns her, gegen die sich die drei Teelichter vergeblich wehrten.

Doch plötzlich kam ihnen ein Scheinwerfer zu Hilfe, der die Bühne in grelles Licht tauchte. Ein Gong ertönte - das Stück begann.

Leider vermochte ich der Aufführung schon nach kurzer Zeit nicht mehr die gebührende Aufmerksamkeit widmen, denn ich merkte sehr schnell, dass ich in meinem Loch immer mehr Besuch bekam.

In meiner unverzeihlichen Naivität schien ich meinen Posten ausgerechnet mitten auf der Kreuzung zweier Hauptwechsel sämtlicher im nahen Umkreis hausender Nachtjäger bezogen zu haben. Um mich herum, an meinen Beinen, ja in meiner Hose begann ein geheimnisvolles Kribbeln und Wimmeln!

Nachtjäger sind aus menschlicher Sicht trotz ihrer wichtigen ökologischen Aufgabe recht unschön.

Vor allem haben sie entschieden zu viele Beine!

Kellerasseln, Spinnen, Schlangen, Skorpione - sehen konnte ich sie zwar nicht, aber mein Gefühlssinn ist in dieser Hinsicht untrüglich! - alle diese äußerst nützlichen Tierchen hatten sich des Tagesschlafes begeben, um auf den gewohnten Pfaden ihrer verdienstvollen Tätigkeit nachzugehen und ihre Pflicht zu erfüllen.

Dass diese Pfade plötzlich in einem Loch endeten, das gestern noch nicht da gewesen war - damit konnten sie nun wirklich nicht rechnen. Schließlich war es hier unten ja auch stockdunkel! Der nach dem unvermeidlichen Sturz in die Tiefe erfolgende Protest war so gesehen nur zu verständlich!

Für mich war er allerdings nur schwer zu ertragen, denn er zog sich vor allem innerhalb meiner Kleidung langsam aber unerbittlich in immer höhere Regionen hinauf.

Längst übertraf das Stück in meinem Loch, speziell aber in meiner Hose, das Stück auf der Bühne in Punkto Action und Dramatik bei Weitem!

Die erbitterte Schlacht in der Schwärze meiner Hosenbeine erlitt erst eine kurze Unterbrechung, als plötzlich Hugos Stimme in mein Bewusstsein drang.

„Es regnet!“

Kraft der mir angeborenen Intelligenz konnte ich diesem Ruf sofort die entsprechende Bedeutung beimessen, nämlich:

1. es ging auf die Pause zu!

2. die Aufführung war schlecht, und

3. es regnete!

Wenn es tatsächlich zum Abbruch kam würde ich unsere gesamte Ausrüstung den Berg wieder hinunter tragen müssen. Das ging mit Sicherheit nicht ohne ein paar gebrochene Arme und Beine ab.

Höchste Zeit also, etwas zu unternehmen!

Ich warf einen Blick zum Himmel. Der war tiefschwarz. Nur vereinzelt blinzelte mir ein Stern verschmitzt zu.

Trotzdem: es ließ sich nicht leugnen, dass ab und zu Tropfen fielen.

Ihre Herkunft war allerdings zweifelhaft, denn sie konnten ihre Quelle auch in der etwas feuchten Aussprache des Hauptdarstellers auf der Bühne haben.

Unerwartet erhielt Hugo Unterstützung aus den ersten drei Stuhlreihen.

„Es tropft!", bestätigte die Dame mit der großen Sitzfläche. Sie war selbst bei der schwachen Ausleuchtung des Zuschauerbereiches einwandfrei zu identifizieren, denn der fleischige Berg ihres Gesäßes berührte fast den Boden und verdeckte den Blick auf die Beine der Hintermänner.

Es reizte mich ungeheuer, Spekulationen darüber anzustellen, ob die Dame sich ohne Probleme wieder von dem Stuhl würde trennen können.

Ich hätte auf den Stuhl gewettet!

Doch dafür war jetzt keine Zeit.

„Es gießt!", bestätigte jetzt der Herr schräg hinter ihr und klappte demonstrativ einen Schirm auf.

„Schirm zu - man sieht nichts!", kam es prompt von hinten.

„Abbrechen! Abbrechen!", forderten jetzt mehrere Stimmen.

„Jawohl - Geld zurück!", kreischte eine ältere Dame mit Dutt in der zweiten Reihe.

Nun aber regte sich Widerstand in den hinteren Reihen, den ich allerdings nur noch akustisch wahrnehmen konnte. Offensichtlich waren die Zuschauer dort bisher von den Niederschlägen verschont geblieben.

„Quatsch - ich spüre nichts!“

„Kein Tropfen! Die spinnen, da vorn!“

„Ruhe, man versteht ja gar nichts mehr!“

Die Schauspieler auf der Bühne hatten das drohende Ungemach flink erkannt und begannen, um ihre Einkünfte zu fürchten. Automatisch begannen sie schneller zu sprechen. Ihre bisheriges gemächliches und würdevolles Schreiten verwandelte sich in ein flottes Hüpfen.

Täuschte ich mich - oder wurden bereits ganze Sätze unterschlagen?

Immerhin beantwortete Don Chil bereits Fragen, die noch niemand gestellt hatte!

„Señor - der Herzog ist soeben eingetroffen!“

„Bringt ihn in den Stall und sattelt ihn ab - ich werde dann nicht mehr ausreiten!“

Das Publikum wurde immer unruhiger.

Noch wogte der Streit unentschieden hin und her, als plötzlich erneut Hugos machtvolles Organ erklang.

„Geld zurück gibt's nur bei Abbruch v o r der Pause!“

Das war entscheidend!

Im Nu hatte er auch die hinteren Stuhlreihen auf seiner Seite.

„Abbruch! Es regnet! Geld zurück!“, forderte man unisono.

Das immer lauter werdende Stimmengewirr übertönte mühelos die bereits aus vollem Halse schreienden Schauspieler.

Schließlich erschien der Regisseur auf der Bühne und wedelte indigniert mit einem geschlossenen Regenschirm.

„Es regnet nicht!“, brüllte er, während die Darsteller immer hastiger ihre Texte herunter leierten. Dabei verzichteten sie bereits darauf, die Sätze in ganzer Länge zu rezitieren und beschränkten sich auf die nötigen Stichworte, die sie sich wie Bälle zuwarfen.

„...Schloss...!“

„...Bischof..."
„Geschmeide...!"
„...Verrat...!"
„Was sie spüren", schrie der Regisseur mit drohend erhobenem, geschlossenem Schirm, „ist die Kondensation der Luftfeuchtigkeit! Ein völlig natürlicher Vorgang!"
Unvermutet bekam er Unterstützung von einer Stimme, die ich ebenfalls kannte.
„Richtig!", bestätigte der Gemeindekämmerer.
Er war verpflichtet, jeder Aufführung beizuwohnen, um die der Gemeinde zustehenden Gelder gleich mit Beschlag belegen zu können.
„Das nennt man auch Tau!"
Es klang nicht sehr überzeugend - und seine Stimme hatte einen Klang nach aufkeimender Panik ob weiterer drohender Haushaltslöcher.
„Blödsinn!", röhrte denn auch Hugo prompt.
„Fünf Tropfen pro Sekunde auf den Quadratmeter gelten laut internationaler Übereinkunft als Regen. Ich habe mitgezählt!"
„Jawohl - und Tau fällt morgens und nicht abends!", riefen mehrere Stimmen.
„Aber bedenken sie doch", rief der Regisseur verzweifelt, „was sie bei einem Abbruch verpassen! Das Stück erfährt in seinem zweiten Teil eine unerhört dramatische Steigerung, einen noch nie dagewesenen Höhepunkt in der Theatergeschichte! Don Chil wird seine Hosen..... „
Langsam wurde es Zeit für mich!
Bergauf mit Gepäck ist ungefährlicher als mit der gleichen Last bergab im Dunkeln auf ungebahnten Pfaden. Wie schon gesagt: ohne drei Arm- und vier Beinbrüche würde ein solcher Rückweg nicht abgehen - und ich habe von beiden doch nur jeweils zwei!

Die Schauspieler hatten mittlerweile herausgefunden, dass man noch effizienter vorgehen konnte, um das Stück zu dynamisieren und ihm zu einem enormen, atemberaubenden Tempo zu verhelfen.

Silben genügen schließlich auch!

„...huf...!"

„...her..."

„An..."

„...zum..."

„Diese dramatische Entwicklung...."

„...rang..."

„...bum...!"

„...ach..."

„...weg...!"

„...menschliche Tragödie, die trotzdem eine gewisse..."

„...rein..."

„...raus..."

„...weg...!"

„...zig..."

„...macht!"

Bis zur Pause konnte es nun wirklich nicht mehr lange dauern!

Der Zweikampf zwischen den Schauspielern, die sich in die Pause zu retten suchten, und den Zuschauern, die ihre Eintrittsgelder zurück haben wollten, war zwar recht interessant, das musste ich durchaus zugeben. Doch sobald die Entscheidung gefallen war, würde so oder so Hugo neben meinem Loch auftauchen - entweder, um mir mitzuteilen, dass wir nun auch bei einer Sintflut unser nicht gezahltes Eintrittsgeld absitzen müssten, oder um unseren Aufbruch zu organisieren.

Nein - so lange wollte ich nicht warten!

Das Ergebnis dieses Wettkampfes würde ich ja schon morgen in der Zeitung nachlesen können.

Langsam schob ich mich aus meinem Loch heraus und schlich mich im Schatten der Mauerreste seitlich an den Stuhlreihen vorbei. Die Tatsache, dass es ab der vierten Reihe nicht mehr regnete, benutzte ich zu einem kurzen Aufenthalt, um die erbitterte Schlacht in meinen Hosenbeinen brutal und rücksichtslos zu meinen Gunsten zu entscheiden.

Dann setzte ich meinen Weg entschlossen fort.

Alles, was mir gehörte - die Decken und den Vorderlader - trug ich bei mir. Ich besaß sogar beide Eintrittskarten. Denn das Vorzeigen und Abreißen lassen der Billets ist eine Tätigkeit, deren Profanität sich mit Hugos Würde unter keinen Umständen vereinbaren lässt!

Ein Problem musste ich allerdings noch lösen - und das war der fehlende Regen.

So sehr ich auch zum Himmel starrte und ihn um ein paar winzige Tropfen anflehte: ungerührt strahlten die Sterne von einem wolkenlosen Himmel.

Das Kassenhäuschen befindet sich sinnigerweise und aus Sicherheitsgründen im alten Burgverließ - und das hat keine Fenster. Und da es, wie alle derartigen Einrichtungen, tief unter der Erde liegt, bleibt es von den Ereignissen auf der Erdoberfläche weitestgehend unberührt.

Der Herr Kassierer, der natürlich erst nach der Pause Feierabend machen durfte, beschäftigte sich bei meinem Eintreten gerade mit dem Zählen der Einnahmen und blickte irritiert auf, als ich so unvermutet vor ihm stand. Noch erstaunter blickte er auf die Eintrittskarten, die ich ihm entgegen hielt.

„Gott verdammt - regnet es schon wieder?“

„Und wie!“, gab ich zurück und schüttelte mein Haupt, dass die Tropfen nur so flogen.

„Gleich wird hier das Gedränge losgehen!“

Der Kassamann begann auf Türkisch oder Serbokroatisch zu fluchen - aber ich konnte ihm da nicht helfen. Schließlich habe ich die Regelungen nicht gemacht!

Freudigen Herzens verließ ich das Verließ, durchquerte den kleinen Schlosspark, nickte der lustig plätschernden Fontäne des dazu gehörenden Springbrunnens dankbar und freundlich zu und machte mich auf den Heimweg.

Wie leicht und beschwingt glitt ich, fast bar jeder Last, den steilen Weg vom Berg hinab!

Was scherten mich Wurzeln und Steine!

Man kann die Beine und daran hängenden Füße viel leichter heben, wenn von oben nicht so drauf gedrückt wird.

Hinter mir verklang allmählich der wüste Chor der Stimmen.

Nein - die Aufführung war wirklich nicht besonders gewesen.

Aber was tut man nicht alles für achtundzwanzig Euro!

Was konnte ich dafür an Leberwurst kaufen!

BABY-SITTING

Eines Tages, kurz vor Fünf, rief mich meine Schwester an.

Ob ich morgen Abend Zeit hätte, wollte sie wissen.

Derartige Fragen beantworte ich normalerweise mit der misstrauischen Gegenfrage „warum?“.

Da es sich hier jedoch um meine einzige Schwester handelte, war Misstrauen wohl fehl am Platze, und ich beschloss, mein „warum“ an anderer Stelle zu platzieren.

„Klar“, antwortete ich also.

„Du weißt ja: wir haben gleitende Arbeitszeit und morgen ist Freitag. Da kann ich um zwei Uhr Feierabend machen und bin um halb drei zu Hause. Warum?“

„Na ja...“

Claudia zögerte einen Moment, was mich bei einem Anderen dazu veranlasst hätte, morgen Abend keine Zeit zu haben.

„Also - ich muss morgen unbedingt meine Wocheneinkäufe im Supermarkt machen. Könntest du so lange auf die Kleine aufpassen? Harald hat leider einen Termin außerhalb, und ich hab' gar nichts mehr im Haus“.

„Selbstverständlich!“, erwiderte ich sofort. Was war schon groß dabei, auf ein drei Monate altes Kind aufzupassen? Zwar hatte ich, als kinderloser Junggeselle, keinerlei Erfahrungen in derartigen Dingen - aber nicht umsonst lese ich bei Friseur und Zahnarzt in sämtlichen Frauenzeitschriften auch die Babyseite. Und zudem habe ich genug Freunde, Bekannte und Kollegen, die ihr Wissen auf diesem Gebiet auch demjenigen mitteilen, der absolut keine Verwendung dafür hat.

Als Mann von überdurchschnittlicher Intelligenz darf man sich allerdings auch nicht überrumpeln lassen. Und so überlegte ich einen Moment, klar, sachlich und ruhig wie immer, ehe ich fortfuhr:

„natürlich musst du sie vorher füttern, ja?“

„Klar doch“, versicherte Claudia, „das ist doch selbstverständlich!“

Gewitzt wie ich bin, fügte ich noch hinzu:

„und dann lass sie erst...hrm, na ja, also bring' sie frisch gewickelt!“

„Aber sicher!“, stimmte Claudia sofort zu.

Täuschte ich mich, oder schwang ein leiser Anflug von Ungeduld in ihrer Stimme mit?

Nun ja - vielleicht stand ein ungeduldiger Kunde vor der Agentur.

„Na prima, dann ist ja alles klar“, sagte ich zufrieden.

„Dann wird sie sowieso schlafen, bis du wiederkommst“.

In der Leitung schien eine Störung zu sein, denn es blieb still.

„Hallo, Schwesterherz, bist du noch dran?“

Ein Geräusch, der wie ein langgezogener Seufzer klang. Dann hörte ich sie wieder.

„Ja, ja...hm...es ist nur - bist du sicher, dass du mit ihr fertig wirst? Und dass es dir nicht zu viel Mühe macht?“

„Na hör' mal“, empörte ich mich, „das ist doch wohl keine Frage! Du kennst mich doch!“

„Ja sicher - eben deswegen!“

„Was?“

„Ich meine - deswegen kann ich ja ganz beruhigt sein. Also, ich bring' sie dir dann morgen um halb vier vorbei. Mach's gut!“

„Tschau, Schwesterlein“, gab ich gut gelaunt und erwartungsfroh den Gruß zurück und legte auf.

Gewiss - es mag Menschen geben, die einfach zu ängstlich sind. Zum Baby-Sitter taugt man entweder oder eben nicht. Das muss man fühlen!

Meinem Gefühl nach bin ich zum Baby-Sitter geradezu prädestiniert! Das ist auch daran zu erkennen, dass ich nach diesem Gespräch mit ruhigen Schritten durch die Wohnung eilte, um festzustellen, ob alles Notwendige vorhanden war.

Schließlich wollte ich auch gegen Unvorhergesehenes gefeit sein!

Drei Liter Milch - natürlich pasteurisiert (was zum Teufel heißt das eigentlich?) - vier Kissen, einen Fußball, Kekse, Murmeln, einen Teddybären, mit dem ich schon gespielt haben soll, und der infolgedessen an Haarausfall leidet - all das brachte ich ins Wohnzimmer.

Es dauerte dann eine Weile, bis ich die elektrische Eisenbahn aufgebaut hatte, und auch nach dem Mensch-ärgere-dich-nicht-Spiel musste ich lange suchen.

Doch kurz vor Mitternacht waren die Vorbereitungen abgeschlossen.

Das Kind konnte kommen!

*

Am nächsten Tag war ich genau 15 Minuten nach zwei Uhr zu Hause. Unterwegs war nicht viel Verkehr gewesen, und so konnte ich ganz gemütlich mit Hundertachtzig auf der Landstraße dahin bummeln.

Nachdem ich mich eine Weile ausgeruht hatte verspürte ich ein dringendes Bedürfnis nach frischer Luft. Es drängte mich, in den Garten zu gehen.

Und so stand ich dann gleich darauf - die Kirchturmuhr schlug gerade halb drei - am Gartentor.

Nicht etwa, dass ich schon auf Claudia und Nadine gewartet hätte, keineswegs. Aber es konnte doch sein, dass unvorhergesehene Umstände sie zwangen, früher zu kommen.

Mein Nachbar, der regelmäßig um diese Zeit mit seinem Hund in seinem Garten lustwandelt, freute sich über die unverhoffte Gesellschaft und wollte mich in ein tiefschürfendes Gespräch über Hundezucht verwickeln. Recht deutlich gab ich ihm jedoch zu verstehen, dass dies unter meinem Niveau lag!

Mein Gott - ich hatte schließlich in wenigen Sekunden für ein kleines Menschenkind die Verantwortung zu übernehmen. Hunde züchten und aufziehen kann schließlich jeder!

Überhaupt - so langsam konnten sie kommen. Immerhin zeigte die Uhr schon viertel vor drei!

Es war sehr warm an diesem Tag. Um ehrlich zu sein - es war heiß. Glühend heiß!

Und ich schwitzte gräulich!

Um meine Füße herum bildete sich langsam eine kleine Pfütze. Dummerweise hatte ich vergessen, meinen Strohhut aufzusetzen, und so konnte es nicht mehr lange dauern, bis mich ein Sonnenstich zu Boden strecken würde. Zwei Schritte seitwärts bot der hoch gewachsene Rosenstrauch ja etwas Schatten - aber dann hätte ich die Straße nicht mehr überblicken können.

Also blieb ich stehen.

Um vier Uhr hatte die Sonne mein Pflichtbewusstsein aufgeweicht und ich schleppte mich ins Haus zurück.

Eine Weile blätterte ich in dem praktischen Büchlein „Der kleine psychologische Ratgeber für Baby-Sitter" , das ich auf dem Heimweg noch schnell erstanden hatte, was mir eine gewisse Beruhigung verschaffte. Schadet es doch nie, wenn man sich weiter bildet.

Dann schritt ich prüfend noch einmal von Zimmer zu Zimmer meiner Dachwohnung und quälte den Kopf immer wieder zu einer der Luken hinaus, um Claudias Wagen vorfahren zu sehen.

Doch nichts tat sich.

Da musste etwas passiert sein!

Gegen fünf Uhr klingelte es endlich und meine Schwester schleppte die Tragetasche die drei Treppen herauf.

„Ist leider ein bisschen später geworden“, entschuldigte sie sich.

„Da hast du dein Paket!“

„Was macht sie denn?“, fragte ich und spähte neugierig in die Tasche.

„Sie guckt“, gab Claudia trocken Auskunft.

Und tatsächlich: meine kleine Nichte starrte mich mit großen Blauaugen an.

Claudia stellte die Tasche auf die Couch.

„Also: es dauert höchstens eine Stunde, dann bin ich wieder da. Wenn sie schreien sollte - da in der Seitentasche ist das Fläschchen. Du musst es nur fünf Minuten in heißes Wasser stellen, bis es etwa handwarm ist. So, dann bis gleich! "

Damit ließ sie uns alleine.

Ich verfrachtete Tragetasche samt Nichte in mein Arbeitszimmer und setzte mich an den Schreibtisch. Auf diese Weise konnte ich, während Nadine schlief, die begonnene Kurzgeschichte zu Ende bringen. Es würde die beste Kurzgeschichte werden, die in letzter Zeit erschienen war. Mit dem mir eigenen, hintergründigen Humor schilderte ich darin die vergeblichen Bemühungen eines vertrottelten Junggesellen, ein aus unerfindlichen Gründen schreiendes Baby zu beruhigen. Er versucht alles Mögliche. Dabei stellt er sich so tollpatschig an, dass es rein zum Schreien ist!

Wirklich - diese Erzählung würde unsterblich werden. Man würde sie mit „Werthers Leiden“ und „Mein Kampf“ in einem Atemzuge nennen!

Und dieses Mal würde ich mich an dem Verleger rächen, der mir meine letzte Satire als unbrauchbar zurück geschickt hatte - und das gleich drei Mal.

Diese hier wollte ich ihm gar nicht erst anvertrauen. Für seinen popligen Verlag war sie eh viel zu schade!

Natürlich kam ich nur relativ langsam voran.

Zwar war ich nicht so verrückt, alle zwei Sekunden in die Tragetasche zu sehen, wie das mancher nervöse Zeitgenosse wohl getan haben würde.

Aber ein, zwei Mal pro Minute sollte man seiner Verantwortung schon gerecht werden und einen Blick riskieren. Man weiß ja nie - Kindern in diesem Alter ist es meist noch nicht bewusst, dass regelmäßiges Atmen unabdingbare Voraussetzung ist, um am Leben zu bleiben. Ich jedenfalls wollte nicht daran schuld sein, wenn sie es etwa plötzlich vergaß!

Allerdings war es etwas lästig, jeweils aufstehen zu müssen, mit ruhigen Schritten zum Tisch hinüber zu hasten, die kleine Bettdecke aufzuschütteln, der Kleinen mit dem Zeigefinger auf den Bauch zu stipsen, „dudududu" zu sagen - laut psychologischem Ratgeber ein unerlässliches Mittel zur Förderung der zwischenmenschlichen Beziehungen - und wieder zum Schreibtisch zurück zu kehren.

Aber ein Kind geht ja doch schließlich allem vor, nicht wahr?

Gerade war ich in meiner Kurzgeschichte bei einer meiner typischen, höchstbrillanten und genialen humoristischen Wendungen angelangt, als mich ein seltsamer Laut aus der Tragetasche erschrocken aufhorchen ließ.

Es klang wie ein kurzes, abgehacktes, aber mit aller Kraft hervor gestoßenes „E" oder „A".

Dieser Laut wiederholte sich in immer kürzeren Abständen und erinnerte mich fatal an den Motor meines Wagens, der beim Kaltstart am Morgen ähnliche, höchst bedenkliche Töne von sich gibt!

Bevor ich noch aufspringen konnte war der „Motor" auf Touren gekommen. Das vorübergehende Stottern ging in ein derart gellendes Geschrei über, dass mir die Haare zu Berge standen!

Ich flog förmlich zu der Tragetasche hinüber.

Um Gottes Willen - was hatte das Kind?

Sie schien furchtbare Schmerzen zu haben. Das kleine Gesichtchen war vor Anstrengung dunkelrot, die Augen fest zugepresst.

Vorsichtig nahm ich das kleine Bündel heraus, legte es in meine linke Armbeuge, sodass das Köpfchen zum übrigen Körper den vorgeschriebenen flachen Winkel von 20 Grad bildete, und wiegte es sanft hin und her.

Das Geschrei verwandelte sich in zornigen Protest, der wie Trompetengeschmetter klang.

Während ich mit dem linken Arm weiter wiegte tauchte ich mit der rechten Hand nach dem unter der Bettdecke liegenden Schnuller.

Mit äußerster Anstrengung konnte ich ihn mit den Fingerspitzen erreichen, zog ihn heraus und steckte ihn an seinen ureigensten Platz.

Nun klang es mehr nach gestopfter Trompete.

Gleich darauf schoss Nadine das Ding haarscharf an meinem linken Ohr vorbei. Die befreite Trompete kam wieder voll zur Geltung!

Ach so - natürlich. Claudia hatte mich doch extra auf das Fläschchen hingewiesen!

Erleichtert legte ich die Kleine wieder in die Tasche zurück, kramte die Flasche hervor und eilte in die Küche. Genau fünf Minuten hielt ich sie unter den heißen Wasserstrahl. Dann prüfte ich fachmännisch zwischen Daumen und Zeigefinger die Temperatur.

Autsch - das Glas war recht heiß geworden!

Aber nach weiteren zwei Minuten, dieses Mal kaltem Wasserstrahl, mochte es gehen.

Also zurück ins Arbeitszimmer, das tobende Bündel wieder auf den Arm genommen, und den Sauger in das weit offene Mäulchen geschoben.

Das Geschrei ging in ein gurgelndes Geräusch über, die Gesichtsfarbe wechselte von dunkelrot zu violett.

Verständnislos zog ich die Flasche zurück.

Gleich darauf gab es kaum noch einen trockenen Fleck in meinem Arbeitszimmer!

Ich mach mir nicht allzu viel aus Milch, und auf meinen Manuskripten und anderen Belegen ist sie mir sogar ausgesprochen lästig. Auch im Gesicht und auf den Kleidern kann ich gemeinhin auf Milch verzichten, wenngleich die weißen Flecken auf meinem schwarzen Oberhemd eines gewissen modischen Chics nicht entbehrten.

„Aber ich rege mich nicht auf, verdammt noch mal!“, sagte ich laut.

Hier galt es, die Ruhe zu bewahren!

Geduldig startete ich einen neuen Versuch.

Doch nun drehte Nadine den Kopf regelmäßig zur Seite, wenn ich mit dem leckeren Fläschchen auf sie los fuhr, und so sah ich schließlich ein, dass der Hunger auf keinen Fall die tiefere Ursache ihrer Unmutsäußerungen sein konnte.

Ich stellte das Abendbrot zur Seite und dachte sehr scharf nach.

Warum schreit ein Baby?

Meine unbezwingliche Logik und Intelligenz führte mich rasch auf die richtige Fährte. Eigentlich hätte ich schon viel früher darauf kommen können. Ein Kleinkind schreit, weil es etwas in der Hose hat!

Siegesgewiss hastete ich ins Schlafzimmer hinüber und legte die Kleine auf die Bettdecke.

Hier stieß ich allerdings auf unvermutete Schwierigkeiten. Nadine trug diese neumodischen Dinger, die weder Knopf, noch Reißverschluss, noch Knoten aufweisen.

Eine Weile suchte ich herum, zog hier und dort, während das Geschrei sich zum Fortissimo steigerte und mich wie eine Wolke umhüllte.

Plötzlich und unerwartet öffnete sich das Gewickel. Dank meiner technischen Fähigkeiten entdeckte ich nun auch den Klebestreifen an der Seite.

Doch so genau ich die Windel auch absuchte - selbst mit Hilfe einer rasch herbei geholten Lupe vermochte ich nichts zu entdecken, das meiner kleinen Nichte hätte Unbehagen bereiten können.

Nun hatte ich lange Zeit alle Hände voll zu tun, ehe ich die Windel wieder in ihren alten Zustand versetzt hatte. Nur mit knapper Not widerstand ich dabei der Versuchung, mein rechtes Knie zu Hilfe zu nehmen und das ganze Bündel wie ein Paket zu verschließen.

Abermals sah ich mich zu schärfstem Nachdenken gezwungen.

Das war nicht ganz einfach. Selbst draußen im Flur verfolgte mich der Trompetenton wie eine dünne Schlange, fraß sich in mein rechtes Ohr, schlängelte sich an jeder einzelnen Gehirnzelle vorbei, brachte dort einiges durcheinander und schoss durch mein linkes Ohr wieder ins Freie.

Endlich fiel mir ein weiteres Kapitel aus meinem Ratgeber ein. Danach beruhigen sich schreiende Babys am schnellsten, wenn man sie sich bäuchlings über die Schulter legt und ihnen sachte den Rücken klopft.

Doch dieser Psychologe, der das Büchlein verbrochen hat, muss entweder taub gewesen sein, oder er hat es selbst nicht versucht, denn jetzt zerschrillte mir meine Nichte das rechte Trommelfell. Ich hatte das Gefühl, als wölbe es sich und werfe Blasen. Auch das empfohlene Rückenklopfen zeigte keinerlei Wirkung - das Geschrei erinnerte jetzt lediglich an eine Sirene mit Keuchhusten.

Ein Schulterwechsel war natürlich sinnlos, denn mein linkes Trommelfell wollte dem rechten in Punkto Protest in nichts nachstehen!

Als ich die Kleine wieder aufs Bett zurück legte fiel meinem geschulten Blick auf, dass sie immer wieder krampfhaft die Beinchen an den Körper zog.

Wie Schuppen fiel es mir von den Augen. Sie hatte sicherlich eine Magenverstimmung!

Dagegen aber hilft nur eins: ein doppelter Cognac, beziehungsweise ein Schnaps!

Entschlossen eilte ich in die Küche, holte den Korn aus dem Kühlschrank und schenkte einen dreistöckigen in das bereit stehende Glas.

Zufällig fiel mein Blick dabei auf die daneben liegende Zeitung. Der Leitartikel behandelte das Thema Alkoholmissbrauch durch schwangere Frauen. Fett gedruckt sprang mir die Überschrift ins Auge:

„Mit drei Monaten in die Trinkerheilanstalt?"

Dem wollte ich natürlich auf keinen Fall Vorschub leisten!

Doch ich selbst war ja aus diesem gefährlichen Alter längst heraus - und auch mein Magen begann ob der permanenten Lärmbelästigung zu revoltieren.

Lediglich von der Nagelprobe ließ ich dann einen winzigen Tropfen auf Nadines Lippen fallen.

Aber auch das war keine besonders gute Idee, denn nun verschluckte sie sich, und das Geplärre wurde in regelmäßigen Intervallen von einem „hicks!" unterbrochen.

Wer sagte doch, Kindergeschrei sei die süßeste Musik in seinen Ohren?

Wer es auch war - er hat meine Nichte mit Sicherheit nicht gekannt!

Ich bin ja, dem Himmel sei Dank, ein seelenruhiger Mensch und nicht leicht aus derselben zu bringen. Und das Zittern meiner Hände und die großen Schweißtropfen auf der Stirn rührten unzweifelhaft von der Hitze her, die in meiner Dachwohnung herrschte.

Halt - jetzt hatte ich's!

Auch meiner süßen kleinen Nichte mit ihrer herrlich durchdringenden, kräftigen Stimme, war es wahrscheinlich zu warm.

Sie brauchte einfach frische Luft!

Ich öffnete das Schlafzimmerfenster, nahm Nadine auf den Arm und redete ihr beruhigend zu.

Die Fenster der Nachbarhäuser sind nur etwa drei Meter von den meinen entfernt. In dem schmalen Canyon, den die Häuser also für den Durchgang frei lassen, verwandelte sich Nadines Geschrei in ein donnerartiges Getöse, das sich mit vielfachem Echo nach rechts und links ausbreitete und die Scheiben zum Klirren brachte.

Jegliches Kindergeschrei aber lässt sämtliche Frauen im Umkreis von zehn Kilometern die Ohren spitzen und versetzt sie in Alarmbereitschaft.

Folgerichtig erschienen in Rekordzeit in sämtlichen Fenstern die Köpfe meiner Nachbarinnen.

„Mein Gott - was macht der mit dem Kind?"

„Er muss es fürchterlich misshandelt haben. Das Kleine schreit ja wie am Spieß!"

„Kein Wunder - schon fast dreißig Jahre alt und immer noch Junggeselle, ja nicht mal ne Freundin. Da kann ja was nicht stimmen! So einem ist alles zuzutrauen!"

„Ein Skandal! Man sollte es der Polizei melden!"

„Wie der aber auch das Kind schon hält! Kein Wunder, dass es schreit!"

„Wenn er nicht mal 'ne Freundin hat - woher hat er dann plötzlich ein Kind?"

„Heute Morgen...Zeitung....in der Stadt ein Baby...aus dem Kinderwagen! Einfach mitgenommen!"

„Vielleicht...?"

Misstrauische Blicke flogen zu mir herüber. Die Lautstärke der Diskussion sank zu unverständlichem Gemurmel herab.

Vergeblich hatte ich versucht, mich zu rechtfertigen. Gegen den vereinten Chor von Nadine und den Nachbarinnen kam ich nicht an.

Also entschloss ich mich zum strategischen Rückzug, schloss das Fenster und zog den Vorhang wieder vor.

Weiber!

Nadine schrie immer noch. In meiner großen Wohnung wirkte es wie in einer Tropfsteinhöhle!

Jetzt spielte ich meine letzten Trümpfe aus. Doch weder der Fußball noch die „Tschu-tschu-Eisenbahn“ vermochten Nadines Interesse zu wecken. Und auch Kekse, Murmeln und den Teddybären bestrafte sie mit schreiender Verachtung.

Da klingelte es!

Es klingelte! Wirklich und wahrhaftig: die Türglocke schlug an!

Ich muss zugeben, dass ich eine gewisse Erleichterung verspürte, denn das konnte nur meine vielgeliebte Schwester sein, die von ihren Einkäufen zurückkehrte.

Nun ja - ich war doch eigentlich ganz gut mit dem Baby zurecht gekommen. Es lebte noch, war nicht beschädigt und zudem immer treu umsorgt und bewacht.

Und Schreien kräftigt ja bekanntlich die Lungen und ist überhaupt sehr gesund für ein Kleinkind! Ja, ich konnte sogar mit Recht stolz darauf sein, sie überhaupt zum Schreien gebracht zu haben, denn nur gesunde Kinder mit gut entwickelten Lungen schreien ihr Glück derart in die Welt hinaus!

Das noch immer tobende Inferno auf den Armen öffnete ich zufrieden die Tür.

Vor mir stand eine ältliche, vertrocknete weibliche Person in einem grauen Sackkleid und in Schuhen mit flachen Absätzen. Den Hinterkopf dieses Wesens zierte ein großer Dutt.

Hinter ihr erhaschte ich einen Blick auf einen Herrn in grüner Uniform.

„Guten Tag“, sprach der Dutt.

„Uns ist ein Fall von Kindesmisshandlung gemeldet worden“, erklärte der Grüne streng.

„Das ist Frau Meyer von der Fürsorge!“

„Darf man eintreten?“, fuhr nun Frau Meyer fort und drängte sich an mir vorbei in die Wohnung. Der Polizist folgte ihr auf dem Fuße.

Bevor er die Tür schloss entdeckte ich gerade noch ein paar mir wohlbekannte Schatten auf der Treppe.

Der Dutt hatte bereits die Küche erobert und die noch offene Schnapsflasche entdeckt.

„Aha - Alkoholiker also“, stellte sie fest, zückte ein kleines grünes Büchelchen und machte Notizen.

„Das allein dürfte schon genügen!“

„Ist das ihr Kind?“, fragte der Uniformierte.

„Nee“, entfuhr es mir automatisch.

„Aber Moment mal....“

„Auch das noch!“, stöhnte Frau Meyer und schüttelte „tz,tz,tz“ den Kopf.

„Das könnte das Baby sein, das....die Beschreibung stimmt jedenfalls: etwa drei Monate alt, trägt Pampers und schreit“.

„Halt mal - so stimmt das aber nicht, ich will ja.....“

Die Uniform griff in eine Innentasche und brachte ebenfalls eine kleines, jedoch rotes Büchlein zum Vorschein.

„Geben sie mir mal ihre Personaldaten. Und vor Allem: übergeben sie das Kind sofort der Dame hier!“

Ich presste Nadine an mich und wich zurück.

„Nur über meine Leiche! Das Kind gehört mir doch gar nicht. Es ist....“

Die Staatsgewalt runzelte die Stirn.

„Sie geben die Kindesentführung also zu. Übergeben sie sofort das Kind - sie laufen sonst Gefahr, auch noch wegen Widerstandes gegen die Staatsgewalt belangt zu werden!“!

Ich öffnete den Mund und holte tief Luft, um ihm eine gepfefferte Antwort entgegen zu schleudern, als es abermals klingelte.

„Das dürften die Kollegen sein“, erklärte der Polizist zufrieden und öffnete die Tür.

Es war Claudia!

Claudia, meine einzige, von Herzen geliebte Schwester, die ihren Schreihals abholen wollte!

„Du meine Güte - was ist denn hier los?“, fragte sie verblüfft.

Die Fürsorgetante öffnete umgehend die Schleusen ihrer Beredsamkeit und begann mit einem Wortschwall, der seinesgleichen nicht hatte.

Ihr Begleiter fühlte sich dadurch augenscheinlich zurückgesetzt und begann, mich über meine Rechte aufzuklären, um sich wieder in den Vordergrund zu spielen.

Claudia widersprach - ob der Dame von der Fürsorge oder dem Polizisten konnte ich nicht genau feststellen.

Ich selbst versuchte verzweifelt mehrmals erfolglos, zu Wort zu kommen und Erklärungen abzugeben.

Und über dieser hochinteressanten Konversation schwebte der durchdringende Klageton Nadines, die uns alle mühelos übertönte!

Irgendwo in meinem Inneren wurde etwas zunehmend dünner und riss schließlich mit einem Ruck. Es muss der Geduldsfaden gewesen sein!

Im nächsten Moment holte ich tief Luft. Und dann war ich es, der seine Stimme leicht erhob.

„Ruuuuuheeeee!“

Mit einem Schlag verstummten alle.

Einen Augenblick lang herrschte in meiner Wohnung eine herrliche, erholsame, fast schon unheimliche Totenstille.

In der Küche summte eine Fliege gegen das Küchenfenster.

Vom Wasserhahn tropfte es sachte in den Ausguss

Nadine, die ich immer noch auf dem Arm hielt, verschluckte sich, klappte den Mund zu und richtete ihre großen Augen, in deren Winkel noch die Tränen standen, auf mein Gesicht.

Dann streckte sie plötzlich beide Ärmchen nach mir aus, ein strahlendes Lächeln ging übr ihr Gesicht.

„Dadada!"

Ich weiß nicht, was das bedeuten sollte, jedenfalls muss es etwas Positives gewesen sein.

Frau Meyer fasste sich und wollte das Wort ergreifen, aber Claudia kam ihr zuvor.

Sie nahm mir das Kind ab und flüsterte:

„na, mein Schatz, wie hat es dir denn beim Onkel Thom gefallen? Jetzt fahren wir nach Hause, und dann gibt's was zu essen!"

Der Dutt drängte plötzlich mit merkwürdiger Hast zum Aufbruch, verabschiedete sich mit einem hoheitsvollen Kopfnicken und ging.

Die Staatsgewalt folgte ihr wortlos und leicht ergrimmt.

„Wer waren denn die zwei?", wollte meine Schwester wissen.

„Ich habe leider kein Wort verstanden!"

„Och - nur Frau Meyer und ein Polizist", gab ich Auskunft.

„Kenn' ich nicht", stellte Claudia fest.

„Und sonst? Ist alles glatt gegangen? War es sehr schwierig? Sie hat doch geschrien, als ich kam!"

„Keine Probleme", erwiderte ich lässig.

„Das ist doch nicht weiter schwierig. Dass Babys ab und an mal schreien ist doch ganz normal, oder?"

Claudia nickte nur.

Wir räumten ihre Sachen zusammen und legten die mittlerweile eingeschlafene Nadine wieder in ihr Tragebett.

Als ich Claudia zum Wagen begleitete standen sämtliche Nachbarinnen Spalier.

„Nein, wie süß! Ein goldiges Kind!"

„Welche Entlastung für eine junge Mutter, wenn der Onkel ab und zu mal aufs Kind aufpasst!"

„Ja - das kann nicht jeder! Die meisten drücken sich davor! Aber ich habe ja schon immer gesagt, dass er ein netter Kerl ist!"

Beim Öffnen der Wagentür fiel mir etwas ein.

„Du, Claudia, sag mal, ihr habt doch da in eurem Dorf auch nette Nachbarn. Warum gebt ihr die Kleine eigentlich nicht ab und zu bei denen ab? Dann bräuchtest du nicht immer bis hierher zu mir zu fahren!"

Meine Schwester zögerte einen Moment, ehe sie Antwort gab.

„Na, ja, weißt du, die hatten sie alle schon mal. Aber da schreit sie immer wie am Spieß, stundenlang notfalls, bis ich sie wieder abhole. Nur bei dir scheint sie friedlich zu sein - ich weiß auch nicht, warum".

Mit einem überlegenen Lächeln hob ich die Schultern.

„Tja, ich weiß eben, wie man das macht. Man muss es halt können!"

„Da hast du Recht", lachte Claudia und glitt hinters Lenkrad.

„Du bist doch Montagabend zu Hause? Da habe ich nämlich einen Kundentermin. Ich bring sie dir dann gegen halb fünf wieder vorbei, ja? Tschau!"

Damit fuhr sie davon.

Hat niemand einen Termin für mich?

Montagabend würde mir sehr gut passen!

FRITZ

Als sie aus dem Odenwald zurückkehren kommen sie bei mir vorbei. Schwager Harald trägt einen Schuhkarton vor sich her - so vorsichtig, als sei er mit rohen Eiern gefüllt.

„Wir haben etwas gefunden!“, verkündet Claudia wichtig.

„Einen Vogel“, ergänzt Harald und setzt den Karton behutsam auf meinem Schreibtisch ab.

„So - ihr habt also einen Vogel“, bemerkt mein Freund Clemens, der zufällig anwesend ist.

„Und was ist in dem Schuhkarton?“

Während Claudia noch überlegt, was er damit wohl gemeint haben könnte, wirft ihm Harald einen vernichtenden Blick zu.

„Der Vogel ist in dem Karton!“

„Ach so - Verzeihung“, grinst Clemens und erhebt sich aus dem Sessel.

„Und was für einer ist es?“

Harald zuckt mit den Achseln und hebt behutsam den Schachteldeckel.

„Wir wissen es nicht. Aber über der Stelle, an der wir ihn gefunden haben, ist ein Rotkehlchennest. Es könnte also ein Rotkehlchen sein.

Andererseits haben wir einen Ornithologen getroffen. Der hat ihn sich angesehen und meint, es sei eine junge Amsel“.

Wir stehen alle um den Schuhkarton herum, und endlich gelingt es auch mir, einen Blick in sein Inneres zu werfen.

In einer weichen Mulde aus Holzwolle liegt ein gelbliches, nacktes Etwas, das einige schwarze Punkte aufweist. Es bewegt sich schwach. Dann öffnet es plötzlich eine riesige, gelb gesäumte Klappe, die den gesamten Rest beinahe verdeckt. Dabei stößt es einen undefinierbaren Laut aus.

Nun geht die Klappe wieder zu.
Dafür spreizt es zwei gekrümmte nackte Stummel.
Irgendwie erinnert es mich unwahrscheinlich an das Brathähnchen, das ich gestern Mittag gegessen habe.
„Wir haben ihn erst einmal zu dir gebracht“, erklärt meine Schwester.
„Du bist ja schließlich auch so eine Art Fachmann auf diesem Gebiet!“
Frechheit! Was heißt hier „so einc Art“? Immerhin war ich zwei Jahre lang bei der Forstverwaltung tätig und habe einen großen Garten. Bei Vögeln kenne ich mich aus!
Auch bei Jungvögeln kann man genau feststellen, zu welcher Art sie gehören.
Natürlich nur, wenn man, wie ich, ein geschultes Auge dafür hat!
„Was hat der Ornithologe gesagt? Eine Amsel?“
Ich lache verächtlich auf.
Schöner Ornithologe!
Ein Blick hat mir genügt. Ich habe natürlich sofort erkannt, dass es sich hier um ein Rotschwänzchen handeln muss. Schon der Laut, den es von sich gegeben hat, weist unmissverständlich darauf hin! Und auch die Art, wie es den Schnabel aufreißt und die Flügel spreizt - also wirklich, kein Zweifel!
„Das ist ein junges Rotschwänzchen!“
„Das ist eine junge Singdrossel“, behauptet Clemens im gleichen Augenblick.
Einen Moment sehen wir uns feindselig stumm in die Augen.
Was fällt ihm ein?
Meint er, nur weil sein Garten ein paar Quadratmeter größer ist als meiner und er vielleicht ein oder zwei junge Vögel gesehen hat, könnte er mein fachmännisches Urteil in Frage stellen?

„Ein Spatz.....“, beginnt Claudia zaghaft, wird aber sofort durch höhnisches Gelächter von uns drei Männern unterbrochen.

Frauen! Was haben die schon für eine Ahnung davon? Das Weib schweige im Rat der Männer!

Und überhaupt: wer würde sich schon mit einem ganz gewöhnlichen Feld-Wald- und Wiesenspatzen abgeben?

„Der Schnabelform nach könnte es auch ein Pelikan sein!“, lässt Clemens sich jetzt vernehmen.

Wir sehen ihn zweifelnd an.

Wie meint er das? Meint er das ernst?

Aber er verzieht keine Miene.

„Nee, nee“, schüttelt Harald den Kopf.

„Ein Pelikan frisst doch Fisch. Wir haben ihn aber mit Fliegen gefüttert. Außerdem: wo sollte im Garten meiner Eltern wohl ein Pelikan her kommen?“

„Vergiss nicht - es ist noch ein ganz junger Vogel“, doziert Clemens.

„Der weiß vielleicht noch gar nicht, dass er als Pelikan Fisch zu fressen hat! Man muss alles erst lernen - und erst als Erwachsener hat man die Kraft, sich trotz aufgezwungenen Rollenverhaltens selbst zu verwirklichen!“

Er hat wirklich keine Ahnung.

Aber reden kann er!

Nun ja - er ist ja auch Student!

„Könnte es nicht auch ein Adler sein?“, spotte ich.

„Aber wie sollen wir den denn in der Wohnung halten?“, erschrickt Claudia, und als sie den blanken Hohn in unseren Augen bemerkt setzt sie hinzu „ooch - ihr seid gemein. Und es ist doch ein Spatz!“

Klar - eine reine Trotzreaktion. Am besten, man kümmert sich nicht darum!

Eine ganze Weile unterhalten wir uns noch über die besten Pflegemethoden. Immerhin soll das Rotschwänzchen ja am Leben bleiben.

Clemens versucht zwar immer einmal wieder, seine Singdrossel durchzusetzen, prallt aber an meinem unerschütterlichen Urteil - dem Urteil eines Fachmannes - ebenso oft wirkungslos ab.

Harald wollte sich zunächst, um nicht zurück zu stehen, die Meinung dieses drolligen sogenannten, wahrscheinlich selbsternannten Ornithologen zu eigen machen, wurde jedoch von meinen gediegenen Fachkenntnissen nach nur kurzer Gegenwehr sofort überrannt und schlug sich auf meine Seite.

Nur Claudia schweigt, da sie nicht zugeben will, dass sie sich mit ihrem Spatzen absolut lächerlich gemacht hat.

Typisch Frau eben.

Als das Trio, meine Schwester, ihr Mann und das junge Rotschwänzchen, die Heimfahrt antreten, bitten sie mich, doch ab und zu bei ihnen vorbei zu sehen, um sie bei der Pflege ihres Schützlings mit fachmännischem Rat zu unterstützen.

Ich sage zu. Man ist ja schließlich kein Unmensch!

An der Haustür empfehle ich ihnen noch, ihr Erithacus phoenicurus recht warm zu halten.

Niedergeschmettert lässt Claudia nun endlich ihren Spatzen fliegen und schließt sich meiner Entscheidung an.

*

Etwa vierzehn Tage später suche ich meine Verwandtschaft auf.

Nicht aus Neugier etwa - Gott bewahre. Einzig und allein die Sorge um das hilflose kleine Vögelchen hat mich zu dieser Fahrt bewogen. Dabei mach ich mir große Vorwürfe. Vielleicht ist es ja auch schon tot - gestorben, weil zwei ahnungslose Dilettanten es zu Tode gepflegt haben!

Doch nein - das Rotschwänzchen lebt überraschend noch und ist sogar quicklebendig.

Harald hat sich vorgenommen, dem Tier, wenn es ausgewachsen ist, das Pfeifen der Marseillaise beizubringen, um unsere französischen Freunde zu überraschen.

Er hat es übrigens Fritz getauft.

Der Findling hat sich prächtig entwickelt. Auch das Federkleid wird langsam voller. Es ist durchweg graubraun mit schwarzen Flecken, und sofort wagt Claudia es wieder, ihren Spatzen zu erwähnen.

Mit fast übermenschlicher Geduld erkläre ich ihr, dass Rotschwänzchen ebenso gefärbt sind - lediglich der Schwanz zeigt die markante rote Farbe. Daher der Name Rotschwänzchen, nicht wahr?

Zerknirscht und beschämt erwähnt meine Schwester das Wort Spatz nun nicht mehr.

Der Schwanz des kleinen Vogels ist übrigens bislang nur eine Andeutung - es wird noch eine Weile dauern, bis er sich voll entwickelt hat.

*

Erneut einige Wochen später, bei meinem nächsten Besuch, hat der Schwanz seine endgültige Länge erreicht. Allerdings ist er nach wie vor graubraun.

Am Beispiel der Lipizzaner erkläre ich meinem Schwager, dass die auffallende Rotfärbung auch hier erst in einigen Tagen zu erwarten ist.

Meine Schwester macht mich darauf aufmerksam, dass das Tier tschilpende Laute ausstößt, die sie an sehr häufig vorkommende, graubraune Feld-Wald- und Wiesenvögel erinnern.

Irre ich mich? Oder schwingt in ihrer Stimme ein leicht spöttischer und triumphierender Unterton mit?

Ich werde mich wohl damit abfinden müssen, dass manche Rotschwänzchen, herausgerissen aus ihrer natürlichen Umgebung und von Menschen aufgezogen, die abartige Neigung entwickeln, zu ganz gewöhnlichen Hausspatzen zu werden.

SCHWIMMBAD

Am heißesten Tag des Jahrhunderts entdeckte mich Hugo auf dem Marktplatz und stürzte auf mich los.

Vergeblich blieb der Versuch, mich im mächtigen Busen einer Marktfrau zu verbergen - er zerrte mich hervor und schlug mir die flache Hand auf meinen Sonnenbrand.

„Mensch, Thom, dass ich dich wieder einmal sehe! Du hast dich ja überhaupt nicht verändert!“

In Anbetracht der Tatsache, dass bei der herrschenden Glut Veränderungen in Sekundenschnelle vor sich gehen konnten, musste ich ihm Recht geben. Ich hatte mich seit gestern wirklich noch nicht sehr verändert.

„Kommst du mit?“, fragte er.

„Nein!“, entfuhr es mir instinktiv.

„Gut“, nickte er.

„Ich hole dich um drei Uhr ab. Einen Tag wie diesen kann man wirklich nur im Schwimmbad verbringen!“

„Eigentlich....“, begann ich.

„Was stehst du hier noch rum?“, fuhr er mich an.

„In zehn Minuten bin ich bei dir!“

Damit wischte er sich den Schweiß von der Stirn und verschwand im Gewühl.

Nun ja - ich musste zugeben, dass die Idee gar nicht so übel war.

Schwimmbad - Wasser - kühlende Fluten, die in der Sonne glitzern und wohltuend um einen zusammenschlagen.....letzter erfrischender Zufluchtsort für meinen schon Auflösungserscheinungen zeigenden gequälten Körper.....!

Zwar war ich um halb vier mit meiner Frau verabredet - aber sie würde sicher verstehen....?!

Ich schleppte mich nach Hause, zog die Badehose an, packte ein paar Handtücher und eine Decke zusammen und war bereit. Eigentlich wäre auch ein frisches Hemd fällig gewesen - aber das hatte ich schon längst aufgegeben. So schnell, wie ich die Wäsche nass schwitzte, hätte meine arme Frau sie gar nicht waschen und bügeln können!

Um drei Uhr, als Hugo mich abholte, war es noch heißer. Der Teer der Straßen wölbte sich und machte Fluchtversuche, die Dachziegel der Häuser begannen sich zu verflüssigen und tropften als warmer Tonregen hernieder. Eine Krähe fiel mitten aus dem Flug zu Boden, rappelte sich wieder auf und begann krächzend und wie unsinnig eine Polka zu tanzen.

Sie hatte einen Sonnenstich!

Vor einem Restaurant, an dem wir vorbei schlichen, buken mehrere Italiener auf den Kühlerhauben der dort abgestellten Wagen Pizza, wogegen ein Einheimischer auf dem Kofferraumdeckel seines Wagens Spiegeleier briet.

Eine Eidechse versuchte verzweifelt, dem hinter ihr her schießenden Harzstrom eines Chausseebaumes zu entrinnen, wurde eingeholt und wird wohl in ein paar Jahrmillionen als seltener Bernsteinschmuck teuer verkauft werden.

Irgendwo zerplatzten mit hässlichem Klirren Fensterscheiben.

Obwohl wir bei jedem Schritt die Füße mühsam aus dem weichen Beton des Bürgersteiges ziehen mussten, und obwohl wir nach jedem zweiten Schritt ein paar Schlucke aus der Feldflasche nahmen, brachte es Hugo fertig, mich darüber aufzuklären, dass unser heimisches Freibad seit gut vier Wochen das modernste seiner Art im Umkreis sei.

Und das nicht nur im Hinblick auf seine Bauweise, sondern auch durch eine entsprechende Badeordnung. Die innere und äußere Sicherheit sei durch das harmonische Zusammenwirken dieser beiden Faktoren jederzeit optimal gewährleistet.

Hugo muss es wissen. Schließlich war er als zweiter Bürgermeister aktiv an Planung und Bau beteiligt.

Ich muss zugeben, dass ich an und für sich nicht gerne Freibäder besuche. An heißen Tagen ist mir dort das Gedränge zu groß. Nur selten präsentiert sich eine solche Einrichtung in gähnender Leere - aber dann ist es auch mir zu kalt zum Baden.

Die heutige Jugend ist einfach zu verweichlicht!

Doch Hugos begeisterte Schilderung, die er mit dem entsprechenden Fachwissen bombenfest untermauerte, hatte ihre Wirkung nicht verfehlt. Und so kam ich schließlich zu der Überzeugung, nur ein Vollidiot könne auf das Vergnügen verzichten, sich mit Hilfe von Wissenschaft und Technik aufs Beste zu erfrischen.

Endlich hatten wir den großen Parkplatz vor dem Bad erreicht. Drei Pkw und zwei Fahrräder drängelten sich hier zusammen. Eines der Letzteren gehörte dem Bademeister.

Den Rest der Fläche bedeckte eine Tage alte Staubschicht.

Mit den neu erwachten Kräften eines Verdurstenden, der soeben eine Oase entdeckt hat, bewegten wir uns auf die Kasse zu.

In einem Glaskasten mit geöffneter Durchreiche saß ein junger Mann in einer Schweißlache und schob mit behandschuhten Händen Geldstücke von einer Seite auf die andere.

„Zwei Mal, bitte“, sagte Hugo.

„Erwachsene?“, fragte der junge Mann, ohne den Kopf zu heben.

„Ich glaube schon“, gab ich zurück, zu ausgedörrt bereits, um mich zu empören.

„Moment“, seufzte der Jüngling und zupfte zwei große Vordrucke aus einem Fach neben sich.

Hugo zuckte zusammen.

„Nee, lassen sie mal. Kennen sie mich nicht?“

Der Kassierer hob mühsam den Kopf.

„Ach - sie sind das!“

„Ja, ich bin es „„ bestätigte Hugo mit stolzgeschwellter Brust.

„Bei mir können wir doch wohl die Formalitäten etwas abkürzen!“

Der junge Mann zögerte.

„Na ja...ich weiß nicht...? Bei ihnen mag das ja in Ordnung gehen. Aber ihr Begleiter....?“

„Ich bürge für uns beide!“, verkündete Hugo hoheitsvoll.

Er ist immer so leichtsinnig. Dabei haben Psychologen längst bewiesen, dass es unmöglich ist, sich bis auf den Grund der eigenen Seele zu blicken.

Der Kassierer ließ sich erweichen.

„Na dann...von mir aus....“

Ich entrichtete das Eintrittsgeld, Hugo nickte mir stolz zu und wir passierten die Sperre.

„Darf ich mir so einen Vordruck mitnehmen?“, fragte ich im Vorbeigehen.

„Lass doch.....“, sagte Hugo hastig.

Aber da hatte ich schon einen der Bögen in der Hand.

Neben den üblichen Angaben zur eigenen Person und der zu den Vorfahren wollte man Folgendes wissen:

111. Leiden sie unter einer ansteckenden Krankheit? Wenn ja, unter welcher?

112. Litten sie in den letzten 30 Jahren unter einer solchen? Wenn ja, unter welcher?

113. Sind in ihrer Familie oder im näheren Bekanntenkreis Fälle von ansteckenden

Krankheiten bekannt? Wenn ja, welche?

114. Sind sie vorbestraft? Wenn ja, weswegen?

115. Sind sie bereit, jederzeit für die freiheitlich demokratische Grundordnung.....“

„Lies das doch nicht alles“, unterbrach Hugo meine Lektüre, riss mir das Blatt aus der Hand, knüllte es zusammen und warf es in den nächsten Papierkorb.

„Aber hör mal!“, protestierte ich schwach.

„Muss das alles denn sein?“

Hugo zuckte die Achseln.

„Warum regst du dich auf? Es sind doch nur 328 kleine Fragen, das ist Ruck-Zuck erledigt. Außerdem brauchst du das nur beim ersten Besuch im Jahr zu beantworten. Das wird dann alles fein säuberlich in einer Datei erfasst, und bei deinem nächsten Besuch wird nur noch überprüft. Fällt natürlich alles unter den Datenschutz“.

Ich war beruhigt. Natürlich - wenn das alles unter den Datenschutz fiel!

Trotzdem konnte ich mir eine spitzfindige Frage nicht verkneifen.

„Aber warum eigentlich überhaupt?“

„Na, also wirklich!“, erregte sich Hugo.

„Das ist doch nur zum Besten des Badegastes! Glaubst du wirklich, wir wären so verantwortungslos? Oder willst du vielleicht zusammen mit einem, der den Schnupfen hat oder einem Terroristen schwimmen gehen?“

Zerknirscht musste ich ihm zustimmen. Das wäre wirklich im höchsten Grade unverantwortlich! Schon bei dem Gedanken, dass mir ein Terrorist eine Bombe unter die Badehose schieben könnte, fühlte ich kalte Schauer meinen Rücken hinunter rieseln!

Endlich hatten wir die Liegewiese erreicht und breiteten die mitgebrachten Decken aus.

„Und nun: nichts wie hinein!“, lechzte ich nach der dringend notwendigen Abkühlung und wollte aus meinen Kleidern schlüpfen.

„Halt!“, belehrte mich Hugo.

„Zum Umziehen sind die Kabinen da!“

„Aber wieso denn? Ich habe die Badehose doch schon an!“

„Mein Gott!“

Hugo schüttelte verzweifelt den Kopf.

„Das spielt doch keine Rolle! Es kann sich doch nicht jeder in aller Öffentlichkeit bis auf die Badehose ausziehen, siehst du das nicht ein? Außerdem wird in den Kabinen mit hochsensiblen Sensoren festgestellt, ob die Badehose und du selbst den hygienischen Forderungen genügen. Wir wollen doch schließlich unsere Badegäste nicht gefährden und das Wasser sauber halten!“

„Hugo - lieber Hugo, mach eine Ausnahme!“, bettelte ich.

„Ich halte es nicht mehr länger aus, ich muss ins Wasser! Außerdem habe ich mich heute Morgen erst mit Wasser und Scheuerfix tüchtig abgeschrubbt! Und zu den Kabinen ist es ein weiter Weg! Bitte, bitte, mach eine Ausnahme!“

„Aber so kommst du nicht durch die Hygienesperre“, erläuterte Hugo.

„Außerdem wirst du in den Kabinen ja auch noch desinfiziert!“

„Hugo - bitte!“

„Also schön. Zum Glück weiß ich ja, wie man die Sperre abschalten kann. Aber das ist heute wirklich eine einmalige Ausnahme! Das nächste Mal halten wir uns streng an die Vorschriften, klar?“

„Ja, Hugo. Natürlich, Hugo“, beeilte ich mich zu versichern und zog Hemd und Hose aus.

Hoffnungsvoll schritten wir nun über verbranntes Gras dem Wasserbecken zu. Man sah allerdings nicht viel davon, da ein regelrechter Wald von Schildern davor aufgebaut war.

Am ersten Schild, das neben einem kleinen Bassin stand, waren wir jetzt angelangt.

„Halt! Hier Fußwaschstation! Füße waschen! Seife und Desinfektionsmittel benutzen!“

„Gegen Fußpilz und so was“, erklärte Hugo und ließ sich am Rande des Bassins nieder.

Ich versuchte gar nicht erst ihm begreiflich zu machen, dass außer Steinpilzen, Champignons und ähnlichem - und auch die nur in Dosen - noch nie ein anderer Pilz bei mir Zuflucht gesucht hatte, sondern ließ mich ebenfalls aufs dürre Gras sinken.

Das Desinfektionsmittel stieg mir in die Nase und ich musste niesen.

„Um Gottes Willen - bist du etwa erkältet?“, fuhr Hugo auf.

„Nein, nein!“, widersprach ich hastig.

„Mich hat nur etwas in der Nase gekitzelt“.

Hugo war beruhigt.

Auf desinfizierten Füßen, die so weiß wie frisch gefallener Schnee glänzten, wandelten wir unseren Weg weiter und erreichten das nächste Schild.

„Halt! Hygienesperre! Passieren sie nach dem Duschen die Lichtschranke!“

Hugo brummte etwas Unverständliches und griff in einen neben dem Schild wachsenden Rosenstrauch.

„Knacks!“, machte es, und Hugo fluchte, denn er hatte sich gestochen.

„Duschen hätten wir wenigstens können“, murrte ich vorwurfsvoll.

Er schüttelte den Kopf.

„Geht nicht. Entweder es ist alles ausgeschaltet - oder gar nichts!“

Nun ja -Hugo kann schließlich nichts dafür, dass unsere hoch entwickelte Technik den Punkt noch nicht erreicht hat, an dem es ihr möglich ist, zwei getrennte Schalter einzubauen!

Wir stiegen jetzt eine Treppe hoch, zwängten uns zwischen zahllosen Schildern hindurch - und standen endlich vor dem silbern in der Sonne glitzernden Schwimmbecken.

Ich warf einen Blick rundum.

„Bademütze tragen!“

„Nicht vom Beckenrand springen!“

„Hineinspringen verboten!“

„Achtung: sie verlassen die Nichtschwimmerzone!“

„Den Anordnungen des Bademeisters ist unbedingt Folge zu leisten!“

„Achtung: nächster Rettungsring 5 m Ost!“

„Gegen die allgemeine Richtung schwimmen verboten!“

„Essen und Trinken am Beckenrand nicht gestattet!“

„Bei Nichtbeachtung der Verbote erfolgt Badeverbot!“

Die Luft flimmerte vor meinen Augen. Erschöpft trat ich einen Schritt zurück. Dabei erhaschte mein Blick zufällig zwischen den Schildern ein Stückchen der verlockend glänzende Wasserfläche, aus der die Köpfe dreier einsamer Badender ragten.

„Ich - muss - ins - Wasser!“, röchelte ich mit letzter Kraft und machte Anstalten, mich hinein zu stürzen.

Hugo umschlang mich mit beiden Armen.

„Halt, halt! Du weißt doch, dass das verboten ist!“

Eine blecherne Stimme enthob mich einer Antwort.

„Allgemeine Schwimmrichtung: Ost-Nordost! Wir schwimmen alle auf den gesperrten Sprungturm zu. Der Herr dort mit der roten Bademütze: ihre Kräfte sind erschöpft. Verlassen sie sofort das Becken über die nächste Leiter. Und nun: das Ganze kehrt! Wir schwimmen alle zum entgegen gesetzten Beckenrand. Allgemeine Schwimmrichtung: Süd-Südwest!“

Es war der Bademeister mit dem Megaphon.

„Na?“, meinte Hugo stolz, während er mich zu einer der Aluminiumleitern zog, die den Einstieg in das Becken ermöglichten.

„Wir tun doch wirklich alles, um Unfälle zu vermeiden und eine Überanstrengung zu verhüten, nicht wahr?“

„Schon“, schnaufte ich mühsam.

„Aber ihr tut nichts dagegen, dass eure Badegäste verdorren und schließlich in Flammen aufgehen. Und genau das wird mir passieren, wenn ich nicht in den nächsten fünf Sekunden ins Wasser komme!“

„Geduld!“, mahnte Hugo, „gleich sind wir so weit. Wir müssen uns nur noch anmelden“.

„An....?“

Ich klappte den Mund wieder zu.

Hugo winkte den Bademeister heran.

„Es bestünde sonst die Gefahr“, erläuterte er mir dabei, „dass du beim Hineinsteigen einem anderen bereits im Becken befindlichen Badegast auf den Kopf trittst!“

„Ach so!“, nickte ich verstehend.

„Und wem, bitte, sollte ich bei diesem unmenschlichen Gedränge hier wohl auf den Kopf treten? Das müsste schon ein ausgemachter Blödmann sein, wenn er bei so viel Platz hier seinen Kopf gerade da hin halten würde, wo ich hintreten will!“

Hugo suchte eine Minute und dreißig Sekunden mit den Augen die Wasseroberfläche ab. Dann tat er einen Freudenschrei und wies mit zitterndem Finger auf einen genau in der entgegen gesetzten Ecke des Beckens befindlichen Kopf, den eine rote Bademütze zierte.

„Dem da! Der muss nämlich raus. Hast du doch gehört, oder?“

Der Bademeister stand schon längst neben uns, und Hugo meldete uns vorschriftsmäßig an.

Zunächst einmal mussten wir dem guten Mann jedoch erklären, wie es uns gelungen war, in salztrockenem Zustand bis zum Beckenrand vorzustoßen.

Wir schoben es auf die glühende Hitze, die jeden Wassertropfen, der von der Dusche her etwa noch an uns hängen geblieben sein sollte, zum Verdunsten gebracht hätte.

Nachdem wir dann noch eidesstattlich versichert hatten, dass wir ehrlich getauft worden - und uns eines tadellosen Lebenswandels befleißigt hatte, hob der Bademeister sein Megaphon an den Mund.

„Achtung an Leiter Zwo! Achtung an Leiter Zwo! Bitte machen sie die Leiter frei. Es möchte jemand zusteigen!"

Der Aufforderung wurde überraschend schnell Folge geleistet. Sekunden später war die Wasserfläche vor der Leiter so leer wie zuvor.

„Ziehen sie jetzt ihre Bademützen auf!", befahl der Meister in den weißen Höschen.

Ich tat es.

Hugo dagegen wurde bleich und begann zu zittern."Oh Gott - ich....ich muss sie vergessen haben!"

„Ohne Bademütze kann ich sie nicht ins Wasser lassen. Das verstieße gegen § 56 der Badeordnung!"

Ich nahm den Fuß von der Leiter und besah mir Hugos Kopf, der einer polierten Billardkugel glich.

Wirklich: mit einem solch bildschönen Kahlkopf konnte man ihn unmöglich zu Wasser lassen!

„Aber...aber ich hab' doch 'ne Glatze!", behauptete Hugo verzweifelt.

Lächerlich! Als ginge es hier um die paar Haare, die einer auf dem Kopf hat! Entweder alle mit Häubchen oder keiner - schließlich ist der Gleichheitsgrundsatz stets zu beachten.

Außerdem standen hier grundlegende Prinzipien des menschlichen Zusammenlebens auf dem Spiel!

Der Bademeister war der gleichen Meinung.

Hugo blieb erschüttert ob seiner eigenen Naivität zurück, während ich langsam, jeden Schritt auskostend, zum Wasser niederstieg.

Schon spürte ich eine herrliche, kühle Frische an meinen Sohlen. Schon hörte ich im Geiste das Wasser spritzen, fühlte, wie es meinen überhitzen Körper wohltuend umschmiegte und umschmeichelte, gerade wollte ich mich hinein fallen lassen.......Da legte mir der Bademeister die Hand auf die Schulter.

„Halt! Warten sie! Kommen sie sofort zurück!“

Hugo griff blitzschnell zu.

Und ehe ich noch protestieren konnte war ich von den beiden an Land gebracht.

Der Sadist neben uns hob wieder sein verdammtes Megaphon.

„Achtung, Achtung! Alle Schwimmer verlassen sofort das Wasser! Höchste Lebensgefahr! Ich wiederhole: alle Schwimmer sofort aus dem Wasser!“

In kopfloser Massenpanik stürmten die zwei Badegäste die nächstliegenden Leitern und enterten nach oben.

„Was ist denn los?“, fragte ich schaudernd.

„Bebt die Erde? Droht der Weltbrand? Sind Haie im Wasser?“

Der Bademeister maß mich mit einem verächtlichen Blick.

„Sind sie blind? Ein schweres Gewitter ist im Anzug. Da darf niemand mehr baden, gemäß § 78 der Badeordnung. Denn wenn der Blitz ins Wasser schlägt gäb's eine Katastrophe! Der Badebetrieb wird eingestellt, das Bad für heute geschlossen!“

Damit ging er davon.

Ich warf einen Blick zum Himmel.

Mit Hilfe meiner adlerscharfen Augen entdeckte ich ein winziges weißes Wölkchen, das vergnügt die riesige blaue Weite durchschwamm und scheinbar seinen Eltern ausgerissen war. Auch sein Kindermädchen konnte ich nirgends erblicken.

In einem Anfall von Hitzewahnsinn hätte ich mich beinahe trotzdem ins Wasser gestürzt. Hugo jedoch bewahrte mich davor, indem er mir erklärte, dass ich mich damit gleich gegen mehrere Paragrafen verginge, nämlich § 18: verbotenes Hineinspringen, §19: verbotenes Springen vom Beckenrand, § 123: Widerstand gegen eine Anordnung des amtierenden Bademeisters und § 131: verbotenes Baden während eines Gewitters.

Das könne schwere Folgen, unter Umständen Zuchthaus nach sich ziehen!

Mühsam schleppten wir uns aus dem Bad.

Ich schlug vor, für den Heimweg die Abkürzung durchs Feld zu wählen, da dort durch vereinzelte Bäume wenigstens ab und zu die Hoffnung auf etwas Schatten bestand.

Hugo wehrte sich gegen dieses Ansinnen merkwürdig lange und hartnäckig, ja verbissen, konnte der Zugkraft meiner Arme aber schließlich nicht länger widerstehen.

Der Feldweg war überfüllt durch geparkte Autos, Fahrräder und anderen Fortbewegungsmitteln. So kamen wir nur langsam voran.

„Schade, dass euer schönes Bad so wenig genutzt wird", keuchte ich schließlich nach einer Weile.

„Das wird auch uns ewig ein Rätsel bleiben", gestand Hugo.

„Die Besucherzahl ist ständig rückläufig. Ich verstehe das auch nicht".

Doch gleich darauf kehrte sein Optimismus zurück.

„Die hiesige Bevölkerung wird sich schon noch daran gewöhnen!"

Ich blieb stehen.

„Da! Hugo - was ist das?"

„Nichts, nichts! Lass uns weiter gehen“, sagte er hastig und drängte mich vorwärts.

Ich widersetzte mich: „Hugo - ein See! Ein Weiher!“

„Ach was - ein Tümpel höchstens!“ zeterte er und zerrte an meinem Hemd.

„Hugo - sieh doch: da kann man baden! Der ganze See ist voller Menschen! Hugo...!“

„Blödsinn - baden!“, schrie er und warf den linken Ärmel meines Hemdes ins Gebüsch.

„Total unhygienisch und gefährlich obendrein! Außerdem besteht der Tümpel zu zwei Dritteln aus Schlamm und wimmelt von Bakterien!“

„Das ist mir egal! Ich liebe Bakterien!“, rief ich gierig, überließ ihm auch den rechten Hemdsärmel und entledigte mich meiner Hose und der Schuhe.

„Du Verräter! Du Schuft!“, kreischte Hugo und versuchte, mich bei den Beinen zu packen.

„Willst du etwa auch zu diesem total verblödeten, in die Steinzeit zurück gesunkenen Pöbel gehören? Kultur und Fortschritt......“

„Ich pfeife auf Kultur und Fortschritt! Ich will baden!“, rief ich, stieß einen lauten Juchzer aus, nahm Anlauf und sprang mitten in den See hinein.

Ich durchstieß eine fünf Zentimeter tiefe Wasserschicht und versank bis zum Hals im kühlen Schlamm.

Aus Versehen trat mir mein Nachbar in den Bauch, und ich überschüttete ihn dafür mit einer Schimpfkanonade, die er mir flink und gewandt zurück gab.

Hinter ihm hatten sich zwei in den Haaren, um mich herum tobte und schrie es, drüben trugen sie zwei, die wohl beim Springen mit den Köpfen zusammen gestoßen waren, auf Bahren davon - kurz, es war eine Lust, zu leben!

Neben mir tat es einen lauten Plumps.

Nachdem ich mir eine Tonne Schlamm aus den Augen gewischt hatte wandte ich den Kopf und betrachtete mir den Neuankömmling.

Es war Hugo!

BAHNFAHRT

Wie jeder geistig und kulturell hochstehender Bürger Mitteleuropas benutze auch ich meine Füße höchstselten. Genauer gesagt nur, um mich in meiner Wohnung zu bewegen. Das ist leider unumgänglich, da es mir trotz aller technischen Raffinesse noch immer nicht gelungen ist, mein Auto durch die Haustür zu bringen.

Und deshalb bin ich zu meinem Leidwesen weiterhin gezwungen, die Toilette mit Hilfe meiner Gehwerkzeuge aufzusuchen.

Andererseits ist es natürlich selbstverständlich, dass ich mich auch dem Gedanken des Umweltschutzes stark verbunden fühle.

Millionen Kraftfahrzeuge auf unseren Straßen verursachen eine vehemente Luftverschmutzung - abgesehen davon, dass sie mich bei meinen eigenen Fahrten ständig stark behindern!

Aus diesen Gründen bin ich bei allen Geselligkeiten auch stets bemüht, die Anderen zum Schutze der Umwelt aufzurufen und sie zu bewegen, aufs Autofahren zu verzichten.

Welch klare und reine Luft, welch angenehme Stille, untermalt vom Gesang der Vögel und dem Zirpen der Grillen könnten wir haben! Und wie schnell könnte ich mein Fahrtziel erreichen, wenn sich meine Mitbürger endlich dazu entschließen könnten, öffentliche Verkehrsmittel oder das Fahrrad zu benutzen.

Beziehungsweise gar zu Fuß zu gehen!

Leider ist meine missionarische Tätigkeit auf diesem Gebiet nur von sehr spärlichen Erfolgen gekrönt. Allüberall stoße ich auf Ignoranz und bösartiges Verkennen meiner absolut hehren und umweltfreundlichen Absicht.

Und so beschloss ich eines Tages, etwas Sensationelles zu tun!

Um einen dringenden Termin bei meinem Verleger im etwa hundert Kilometer entfernten Mainz wahrzunehmen wollte ich mich, um mit gutem Beispiel voran zu gehen, dazu herablassen, wie der niedere, auto- und führerscheinlose Pöbel, die Bahn zu benutzen!

Trotz meiner angeborenen Bescheidenheit fühlte ich doch so etwas wie gelinden Stolz ob dieses Entschlusses und begab mich froh beschwingt zum Bahnhof.

Nun ist es natürlich nicht so, dass ich nicht schon früher mit dem Zug gefahren wäre. Aber das ist lange her - so lange, dass ich nicht einmal mehr weiß, ob ich damals schon lange Hosen trug.

Kaiser Wilhelm hatte allerdings schon abgedankt - dessen bin ich mir sicher!

Doch obwohl sich meine Erinnerungen an die letzte Bahnfahrt in ein paar verschwommenen Bildern von dunkle Rauchwolken ausstoßenden Lokomotiven und freundlichen Schalterbeamten in blauen Uniformen erschöpfen kann ich mich deshalb trotzdem mit Fug und Recht als erfahrenen Bahnreisenden betrachten. Haben wir doch, als ich noch Windeln trug, zum jährlichen Besuch der Großeltern stets und ausschließlich die Bahn benutzt!

Und mit den seither eingeführten Neuerungen fertig zu werden dürfte für einen Mann meines Intelligenzgrades eine Kleinigkeit sein!

Mein Wohnort H. liegt sehr praktisch an der Hauptstrecke Mannheim - Saarbrücken, und der Bahnhof ist neu. Vor drei Monaten erst wurde der große Glas - und Betonpalast mit eingebautem Einkaufszentrum feierlich eingeweiht.

Immerhin waren im letzten Jahr tatsächlich 18 Fahrkarten verkauft worden, sodass sich die Realisierung dieses 20-Millionen-Projektes trotz Murrens einiger individuell sparsam ausgestatteter Mitbürger schon lohnen dürfte!

Das große Hauptportal war verschlossen. Auch kräftiges Rütteln an der Klinke gewährte mir keinen Einlass. Derartige kleine Hemmnisse können meine Selbstsicherheit natürlich nicht beeinträchtigen.

Ruhig und gelassen lenkte ich meine Schritte zum Nebeneingang.

Doch auch hier war die Tür versperrt.

Dafür entdeckte ich neben ihr einen blechernen Kasten mit vielen Knöpfen und geheimnisvoll blinkenden Lämpchen, den ein junger Mann gerade mit Fußtritten traktierte.

„Scheißkasten!“, bemerkte er, als ich näher trat.

„Die zwanzig Euro sind futsch!“

Noch ehe ich dem Davoneilenden eine Frage nachrufen konnte krachte eine niedergehende Bahnschranke auf meine linke Schulter, und eine mir entsetzlich gut bekannte Stimme röhrte:

„hi, Thom, willst du verreisen?“

Eingeengt zwischen der verschlossenen Tür vor -, dem seltsamen Gerät rechts - und einem massiven Betonpfeiler links neben mir war eine Flucht nicht möglich.

Es gab kein Entrinnen - ich musste mich meinem Schicksal stellen!

Also erhob ich mich von den Knien und drehte mich vorsichtig um.

„Oh...Hallo Hugo...! Nein...wollte nur mal...den neuen Bahnhof...!“

„Trifft sich gut - da kann ich dir behilflich sein! Du willst doch sicher nach Mainz zu deinem Verleger. Da werde ich dich sogar begleiten. Ich muss nämlich auch nach Mainz!“

„Ach? Ja...nein...ich wollte ja gar nicht...ich glaube, ich werde...“

Es gab keine Rettung!

Hugo ist nun mal ungeheuer hilfsbereit. Und es ist dabei absolut unerheblich, ob diese Hilfe benötigt wird oder nicht.

Das darf auch gar keine Rolle spielen - wer besitzt schon die Niederträchtigkeit, einen Mitmenschen von der Verrichtung einer guten Tat abzuhalten?

Trotzdem muss ich zu meiner Schande gestehen, dass Panik und Selbsterhaltungstrieb mich übermannten und zu einem instinktiven Abwehrversuch veranlassten.

„Nein...danke...das ist doch nicht nötig. Hugo...ich will ja nur...ich muss doch...“

„Ja, ja, weiß schon. Hilflos wie immer! Oder hast du schon eine Fahrkarte?“

Nun hatte er mich!

Der Fahrkartenschalter befand sich im Inneren des Bahnhofgebäudes - und das zu betreten war mir ja bislang noch nicht gelungen!

„N...nein“, gestand ich zerknirscht.

„Der Bahnhof ist ja zu. Und der Fahrkartenschalter...“

„Was Schalter!“, fuhr Hugo dazwischen.

„Heute braucht man keine Schalter mehr. Das geht alles vollautomatisch. Und der Bahnhof ist immer zu!“

„Was? Kein Schalter? Und warum ist der Bahnhof immer zu?“

Nebst Hugos fundiertem Wissen ist auch seine Geduld stets wieder bewundernswert. Nur ein Minimum an Verachtung ob dieser lächerlichen Fragen war in seinen Worten zu spüren, als er erklärte:

„um Vandalismus vorzubeugen, versteht sich. Und um Penner fern zu halten. Ist doch klar, oder? Das weiß doch jedes Kind! Da alles vollautomatisch geht braucht man kein kostenintensives Personal mehr, das früher auf diese Dinge geachtet hat. Ich sehe schon - ich muss dir wieder einmal das Schatzkästlein meiner Erfahrung zur Verfügung stellen. Oder weißt du, wie du an eine Fahrkarte kommst?“

Beschämt musste ich eingestehen, dass ich das nicht wusste.

Wenn es gar keine Schalterbeamten mehr gab...?

Und die schüchtern in mir auftauchende Frage, ob für einen ständig verschlossenen Bahnhof nicht auch 19 Millionen gereicht hätten, war doch wirklich kindisch!

„Also,“, begann Hugo, „erster Schritt: Fahrkarte kaufen. Gib mir mal 'nen Schein!“

„Dir? Wieso? Verkaufst du Fahrkarten?“

„Quatsch. Für den Automaten! Nun gib schon her!“

Er riss mir den Hunderter, den ich in der Eile zu meinem Leidwesen erwischt hatte, aus der Hand, stopfte ihn in den Schlitz des Automaten und drückte verschiedene Knöpfe.

Eine Weile geschah gar nichts.

Dann bekam das Gerät eine Art Hustenanfall, der gleich darauf in ein Röcheln und Würgen überging. Rote, grüne und blaue Lämpchen blinkten in hektischer Betriebsamkeit.

Schließlich gab es ein rülpsendes Geräusch, und aus einem Schacht schoss eine Münze haarscharf an meinem Ohr vorbei.

Ich eilte ihr nach.

Es war ein französischer Franc!

Dieser Wechselkurs mit einer antiken Währung kam mir äußerst verdächtig vor. Aber es gelang mir nicht, meine Bedenken zu äußern. Denn als ich zurück kam versetzte Hugo dem Automaten gerade einen verächtlichen Fußtritt.

„Kaputt, das Ding! Komm mit - drüben am Haupteingang steht noch so ein Automat. Vielleicht funktioniert der!“

„Aber...aber mein Geld...l! Hugo, das waren...ich meine hundert Euro...das ist...!“

„Nun hab' dich nicht so! Für den technischen Fortschritt muss man schon mal Opfer bringen, oder?“

Er hatte Recht. Ich habe stets die Bestrebungen meiner Mitmenschen unterstützt, ihr Geld für einen guten Zweck zu opfern. Und gerade die Technik hat dem Menschen das Leben doch unendlich erleichtert - was sind da hundert Euro, die irgendwer dafür geopfert hat, dagegen! Eine Lächerlichkeit!

Leider hatte ich vor dem Verlassen meiner Wohnung nur drei Hunderter eingesteckt. Und so musste ich Hugo am Haupteingang mit blutendem Herzen erneut einen solchen reichen.

Dieses Mal klappte es tatsächlich. Der Automat ließ einen kleinen Papierschnitzel und das Wechselgeld in den Schacht klappern.

Hugo steckte das Wechselgeld ein, drückte mir die Fahrkarte in die Hand, erhaschte meinen dritten Hunderter und fütterte den Bahnbediensteten erneut, um auch für sich einen Fahrschein zu lösen.

Neugierig betrachtete ich den bedruckten Papierstreifen und zupfte Hugo dann am Ärmel.

„Aber...Hugo...da steht ja Saarbrücken! Ich will aber doch nach Mainz! Da bräuchte ich doch nicht über Saarbrücken....da müsste ich doch über Ludwigshafen oder Mannheim....?“

Einen Augenblick schien Hugo irritiert zu sein.

Aber wirklich nur für den Bruchteil einer Sekunde!

Dann schüttelte er mitleidig den Kopf.

„Du hast aber auch wirklich keine Ahnung! Dieses Gerät ist eigentlich ein Computer, der automatisch gleich den für den Kunden günstigsten Tarif ermittelt. Je größer die Entfernung, desto billiger der einzelne Bahnkilometer, klar?“

„Ach so...?“

Respektvoll betrachtete ich diese segensreiche Einrichtung. Dank ihr bezahlte ich also nun wesentlich weniger für die Beförderung pro Kilometer. Und die vier Stunden, die ich länger unterwegs war, würde ich schon verschmerzen!

Der Apparat spuckte unter geheimnisvollen Geräuschen eine weitere Fahrkarte aus, die Hugo nebst dem Wechselgeld mit einer lässigen Bewegung einsteckte.

Wider Willen musste ich mir innerlich eingestehen, dass mir die Selbstverständlichkeit, mit der Hugo die Schwierigkeiten des Lebens meisterte, immer wieder eine Art neidischer Bewunderung abnötigte.

Wenn man nur auch so sein könnte!

„Nun kommt der zweite Schritt“, belehrte mich Hugo jetzt gönnerhaft und weltmännisch.

„Das ist das Erreichen des Bahnsteiges. Da kein Bahnhofsgebäude mehr passierbar ist nehmen wir die Gleise".

„Die Gleise? Aber Hugo...ich meine, das ist doch gefährlich! Und verboten!"

Hugo seufzte mitleidig.

Natürlich. Aber nicht für Bahnkunden! Bahnkunden dürfen Bahneigentum betreten. Auf eigene Gefahr, versteht sich!"

Ach so! Ja, wenn das auf eigene Gefahr geschah war ich beruhigt. Dann brauchte sich die Bahn-AG um eventuelle Folgekosten ja wirklich keine Gedanken mehr zu machen!

Ich kam mir plötzlich maßlos dumm und albern vor - und meine Hochachtung Hugo gegenüber stieg ins Unermessliche!

Eingeschüchtert folgte ich meinem Freund zur Straße hinüber. Wir bückten uns unter der geschlossenen Bahnschranke durch, betrachteten verständnislos das wilde Gezappel des Bahnbediensteten hinter der großen Glasscheibe des Stellwerkturmes, entkamen mit knapper Not dem ohne Halt durchbrausenden Intercity Warschau-Paris, hüpften noch eine Minute anmutig von Schwelle zu Schwelle und erklommen schließlich Bahnsteig 2.

Leise in mir auftauchende Zweifel ob der Richtigkeit dieses Weges wedelte Hugo energisch beiseite. Dafür klärte er mich über den nun folgenden dritten Schritt auf, der da hieß: feststellen, wann der Zug fährt.

„Aber...wäre das nicht...ich meine...müsste man da nicht zu allererst...?", wagte ich schüchtern einzuwenden.

Hugo seufzte wieder einmal.

„Aber nein! Weißt du denn, ob du den Bahnsteig überhaupt erreichst?"

Zerknirscht senkte ich den Kopf. Erneut war er im Recht - besonders, wenn ich an den Intercity Warschau-Paris dachte!

Dass die Bahnstation meines Wohnortes nur zwei Bahnsteige besitzt und schon seit Abraham die Züge nach Osten von der Nummer 1 -, die nach Westen dagegen von Nummer 2 abfahren machte die Sache natürlich recht einfach. Aber es konnte ja gar keine Zweifel daran geben, dass Hugo sich auch auf den Hauptbahnhöfen von Frankfurt oder München zurecht gefunden hätte!

Das Studium des in einem Glaskasten aushängenden Fahrplanes ergab, dass der nächste Zug in fünf Minuten zu erscheinen hatte.

Das darf man allerdings nicht so verbissen sehen, erfuhr ich von Hugo. Und so war es durchaus verständlich, dass sich die fünf Minuten recht lange ausdehnten.

Heimlich und hinter Hugos Rücken setzte ich das Fahrplanstudium fort und betrachtete ehrfurchtsvoll den Wirrwarr von geheimnisvollen Symbolen aus kleinen Hämmerchen, winzigen Grabkreuzen und Buchstaben oder Zahlen in Kreisen, deren Bedeutung Hugo mit einem einzigen kurzen Blick enträtselt hatte.

Für mich stellten sie Geheimnisse dar, die ich allenfalls hätte erraten können!

Vielleicht musste man sich bei dem mit den Hämmerchen gekennzeichneten Zug seine Fahrkarte mit Hammer und Meißel in einem Steinbruch erst verdienen?

Und der mit den Grabkreuzen beförderte sicherlich nur Friedhofsbesucher.

Der Bahnhof war recht zugig, und ich musste niesen. Unerbittlich bohrte sich der Wind durch sämtliche Kleidungsstücke und ließ mich mehr und mehr zusammenschnurren. Selbst meine Zähne begannen, sich selbstständig zu machen, und klapperten in lustigem Stakkato.

„Das dauert aber lange!“, wagte ich schließlich zu bemerken.

„Also früher - da kann ich mich gut erinnern - kam so ein Zug fast immer genau auf die Minute!“

„Unwichtig!“, knurrte Hugo.

„Da gehörte die Bahn auch noch zum öffentlichen Dienst, und es gab Beamte mit diesem typisch preußischen Pünktlichkeitsfimmel. Wenn du da eine Minute zu spät auf dem Bahnsteig warst hast du glatt den Zug verpasst! Gott sei Dank sind die Beamten jetzt abgeschafft, die Bahn ist privatisiert, und seitdem ist alles viel besser geworden. Wenn du jetzt mit dem Zug fahren willst brauchst du nicht mehr zum Bahnhof zu rennen, weil du Angst haben musst, dass der Zug ohne dich abfährt. Ist doch großartig, nicht?“

Von dieser Seite hatte ich das noch gar nicht betrachtet - aber hatte er nicht Recht? Seit Bahn und Post privatisiert sind kann man sich nicht mehr über sie aufregen - denn worüber soll man noch lästern, wenn es keine Beamten mehr gibt?

Wider Erwarten kam der Zug nun doch plötzlich und unerwartet - eine winzige Verspätung von 48 Minuten ist ja, gemessen am Erdzeitalter, wirklich nicht der Rede wert!

„Da steigen wir ein!“, rief Hugo und stürzte nach vorn.

Leider schien der Zug an uns als Passagieren absolut nicht interessiert zu sein, denn er machte keinerlei Anstalten, uns durch Anhalten zum Einsteigen einzuladen.

Außerdem glaubte ich mich dunkel erinnern zu können, dass diese merkwürdigen Wagen ohne Fenster - und zum Teil sogar ohne Seitenwände und Dach - gar nicht für die Personenbeförderung gedacht waren.

Selbst Hugo musste zugeben, dass es sich offenbar um einen Güterzug handelte. Eine gewisse Enttäuschung konnte er dabei nicht verbergen.

Doch gerade als ich Gefahr lief, am Bahnsteig festzufrieren, tauchte nach weiteren zwanzig Minuten erneut ein Zug auf, der mit Personenwagen bestückt war - und tatsächlich auch hielt!

Das Einsteigen bereitete jedoch unvermutete Schwierigkeiten, denn die Türklinke fehlte.

Auch ein olympiaverdächtiger Spurt zur nächsten Tür führte nicht zum gewünschten Erfolg, denn irgendein skurriler Zeitgenosse hatte hier ebenfalls die Türklinke mit nach Hause genommen.

In unserer hypermodernen Zeit werden eben auch die Hobbies immer ausgefallener!

Ob ein Türklinkensammler seine Beute wohl auch in einem Album unterbrachte? Und wie ein solches Türklinkenalbum wohl aussah?

Noch ehe ich diese interessante Frage weiter beleuchten konnte ertönte seitwärts von mir ein schriller Pfiff. Gleichzeitig warf mich das plötzliche Gewicht eines Elefantenbullen auf meinem Rücken nach vorn und zwang meine Nase, ihre Form an der Türscheibe in ungeahnte Breiten auszudehnen.

„Ich hab's ja gewusst!“, dröhnte Hugos Stimme in meinem linken Ohr.

„Ohne mich ist er hilflos wie ein Säugling! Den Knopf da musst du drücken!“

Er griff an mir vorbei, und mit einem scharfen Zischen öffnete sich die Schiebetür, ohne dabei zu berücksichtigen, dass ich sie als Halt dringend benötigte.

Demzufolge lag ich gleich darauf einer bebrillten jungen Dame zu Füßen, die darob erschrocken zurück wich.

Nun kann es durchaus vorkommen, dass ich mich auch einmal einer Dame zu Füßen werfe - wenn sie mir gefällt.

Diese hier gefiel mir nicht!

Hugo stieg über mich hinweg und fluchte gleich darauf, denn die sich automatisch schließende Tür hatte ihm die Finger eingeklemmt.

Da sich der Zug gerade mit einem Ruck in Bewegung setzte während ich noch mit Aufstehen beschäftigt war griff ich nach dem erstbesten Halt. Leider waren das die dünnen Beine jener bewussten Dame, die sich infolgedessen sofort und mit einem hörbaren Plumps neben mich setzte.

Als Kavalier half ich ihr sofort wieder auf, erhielt zum Dank einen Blick, der mich hold erröten ließ, und begab mich ins Abteil, wo Hugo schon Platz genommen hatte.

Er maß mich mit einem verächtlichen Seitenblick.

„Muss lange her sein, deine letzte Fahrt mit einem Zug!“

Das war nicht ganz unrichtig - aber langsam stieg giftgelber Neid in mir hoch. Wieso kannte er sich so gut mit Bahnreisen aus - im Gegensatz zu mir?

„Na ja...schon“, entgegnete ich deshalb zögernd, um dann in einem wilden Anfall von Selbstüberschätzung die Flucht nach vorne zu ergreifen.

„Aber du kennst dich aus...das merkt man! Du fährst wohl öfter mit der Bahn? Ist denn dein Auto kaputt?“

Hugo war plötzlich merkwürdig verlegen.

„N...nein, gar nicht. Die Kiste läuft wie geschmiert.“

„Ja - warum fährst du denn dann mit dem Zug?“

Natürlich hatte ich mich getäuscht. Hugo und verlegen! Waren Tomaten denn blau, oder konnte ein Mensch wie ein Vogel fliegen?

Hugo seufzte - seine Geduld war wirklich beispiellos!

„Die Bahn ist nahezu pünktlich, zuverlässig und vor Allem umweltfreundlich, kapiert? Jeder Bürger in diesem unserem Lande sollte wie ich zur Schonung der Umwelt beitragen. Deshalb fahre ich regelmäßig mit dem Zug und verzichte auf die individuelle, abgasproduzierende Einzelbeförderung. Aber Kretins wie du in ihrem grenzenlosen Egoismus verstehen das natürlich nicht - oder besser, sie wollen es tunlichst nicht verstehen!“

Zerschmettert und eingeschüchtert sank ich auf meinem Sitz zusammen. Er hatte ja so Recht!

Musste ich zum Beispiel wirklich zwei Mal pro Woche die fünf Kilometer in den Nachbarort mit dem Auto zurücklegen? Ich konnte doch auch das Fahrrad benutzen. Meine Frau würde ich schon irgendwie auf dem Gepäckträger unterbringen.

Oder ich konnte den Bus benutzen.

Da musste ich zwar drei Mal umsteigen, konnte dafür aber während der Fahrt noch die schmucken Ortschaften im Umkreis besichtigen.

Allerdings kam ich dann auch erst um Mitternacht an. Aber meine Frau würde schon Verständnis dafür haben, dass ich sie aus Umweltschutzgründen nicht früher abholen konnte - auch wenn ihre Chorprobe meist gegen 20:00 Uhr zu Ende war.

Außerdem würden wir uns dann noch eine sinnvolle Beschäftigung zur Überbrückung der Zeit bis zur Rückfahrt überlegen müssen - aber da würde uns schon etwas einfallen. Schließlich handelte es sich ja nur um sechs Stunden.

Hugo erhob sich, murmelte etwas von „kleinen Buben“ und verschwand.

Es dauerte seltsam lange, bis er zurück kam - dafür sprühte er vor Begeisterung und riss mich vom Sitz hoch.

„Die Toiletten - also die modernen Zugtoiletten musst du dir ansehen! Phä-no-me-nal! Technik, wo du hinsiehst. Einfach phantastisch!“

Sprach's, riss eine Tür auf, stopfte mich in die entstandene Öffnung und knallte die Tür hinter mir zu.

Ich stand im Dunkeln.

Vergeblich tastete ich an der Wand entlang - ich konnte keinen Lichtschalter finden.

Vorsichtig öffnete ich die Tür wieder.

„Hugo - hier ist ja alles dunkel!"

„Mann - du musst zuschließen!", röhrte Hugo.

„Dann geht das Licht schon an!"

Ich tat, wie geheißen.

Merkwürdige Idee, das Licht mit dem Türschloss zu koppeln!

Immerhin - nun konnte ich mich umsehen.

Gemeinhin suche ich eine Toilette nur auf, wenn ich muss.

Gerade musste ich nicht.

Außerdem war ich hier falsch. Das konnte keine Toilette sein!

Zwar waren die Wände mit weißem Plastik ausgeschlagen, und das Fenster hatte eine Milchglasscheibe - aber nirgendwo konnte ich die üblichen und so unentbehrlichen Utensilien entdecken.

Der Raum war leer!

Nur an der gegenüber liegenden Wand gab es eine Konsole, bestückt mit verschiedenen Knöpfen und in allen Farben flimmernden Lämpchen.

Wo war ich hier nur gelandet?

War das vielleicht der Führerstand der Lokomotive? Oder ein Raum zur automatischen Entfernung unliebsamer Fahrgäste?

Oder...oder handelte es sich vielleicht um einen Riss im Raum-Zeit-Continuum, und Hugo hatte mich ungewollt durch diesen Riss auf die Brücke eines Raumschiffes verfrachtet - vielleicht der Enterprise?

Einen entsprechenden Roman las ich gerade und hatte ihn bis jetzt als groben Humbug betrachtet.

Bis jetzt, wie gesagt! Denn vielleicht.....?

Der Entschluss, den Raum fluchtartig zu verlassen, erstarb angesichts der Vorstellung, dass Hugo mit Sicherheit noch vor der Tür stand.

Außerdem fühlte ich jetzt doch ein menschliches Rühren!

Nun musste ich - und konnte doch nicht!

Unschlüssig betrachtete ich die Konsole - und entdeckte jetzt unter jedem der Knöpfe ein kleines Symbol. Eines davon zeigte unzweifelhaft eine Toilettenschüssel.

Der Spieltrieb im Manne ist eine nicht zu unterschätzende Kraft!

Fast ohne mein Zutun krümmte sich mein rechter Zeigefinger und drückte den entsprechenden Knopf.

Sofort bekam das rote Lämpchen darüber konvulsivische Zuckungen, und ich fuhr erschrocken herum, als es hinter mir scharrte.

In der Wand hatte sich eine Öffnung gebildet, aus der sich, wirklich und wahrhaftig, eine Toilettenschüssel schob.

Dankbar und erleichtert nahm ich dieses großzügige Angebot an.

Meine angeborene Intelligenz brachte mich auf die Idee, aus Spülgründen eines der anderen Knöpfchen zu drücken, was auch prompt zum Erfolg führte.

Schwierigkeiten tauchten dagegen beim Händewaschen auf.

Zwar gelang es mir, mittels Knopfdruck das Waschbecken aus der Wand zu locken. Leider vergaß ich aber, das Gleiche mit dem Wasserhahn zu tun und betätigte dagegen statt dessen sofort den Knopf, der mit Dürers betenden Händen und einer kleinen Wasserfontäne gekennzeichnet war.

Im nächsten Moment wurde mir das EDV-Naturgesetz „Input = Output“ sehr eindrucksvoll vor Augen geführt!

Aus einem Loch in der Wand schoss ein fingerdicker Wasserstrahl, vor dem ich mich nur durch einen reaktionsschnellen gewaltigen Hechtsprung gerade noch retten konnte.

Nun hätte ich das Wasser eigentlich wieder abstellen müssen, konnte jedoch leider nur den Knopf für die Rückkehr des Waschbeckens in die Eingeweide des Waggons finden.

Glücklicherweise gelang es mir wenigstens, die Tür zu öffnen, und so konnte ich die gastliche Stätte unauffällig verlassen.

Im Gang stand Hugo und war damit beschäftigt, Hose und Hemd zu trocknen.

Ich kann nicht verhehlen, dass mir dies eine gewisse innere Befriedigung gewährte - denn immerhin war es mir ja gelungen, trocken zu bleiben!

Neben Hugo stand die bereits erwähnte bebrillte junge Dame, die gar nicht bemerkte, dass sich unter der Toilettentür ein lustiges Bächlein hervor stahl, sich in neckischen Windungen zu ihren Pumps schlängelte und sich eifrig bemühte, sie einzuweichen.

„Das hat aber lange gedauert", bemerkte Hugo, während wir unsere Plätze wieder aufsuchten.

„Hast wohl Schwierigkeiten, mit der neuen Digitaltechnik umzugehen, was?"

Er klopfte mir gönnerhaft auf die Schulter.

„Na ja - es kann nun mal nicht jeder so topfit und mit dem neuesten Stand der Technik so vertraut sein wie ich!"

Es gelang mir nur noch, einen Blick auf seine durchnässte Vorderfront zu werfen - einer Antwort wurde ich enthoben, denn nun tauchte ein Herr in blauer Uniform auf, den ich zunächst wie ein Fossil aus längst vergangenen Zeiten verblüfft anstarrte.

„Die Fahrkarten bitte!"

Wir reichten die Papierschnitzel hinüber. Er betrachtete zunächst den von Hugo und zog die Brauen hoch.

„Das ist ihre Karte? Und sie wollen nach Saarbrücken?"

„Klar", bestätigte Hugo lässig.

„Eigentlich ja nach Mainz", wagte ich einzuwerfen.

„Ah ja“, nickte der Bahnmitarbeiter.

„Und von H. nach Mainz fährt man immer über Saarbrücken. Ich verstehe“.

„Da ist doch der Tarif viel günstiger!“, erklärte Hugo fachmännisch.

„Ihr von der Bahn nehmt's doch von den Lebendigen! Da muss man jeden Preisvorteil nutzen! Ganz schön ärgerlich für euch, dass es clevere Bahnkunden gibt, die rechnen können. Stimmt's?“

„Na ja - muss ich schon zugeben“, erwiderte der Uniformierte trocken.

„Und ich habe heute meinen großzügigen Tag. Deshalb ein kleiner Tipp: fahren sie beim nächsten Mal über Rom nach Mainz. Umgerechnet auf den Kilometer wird's dann noch günstiger!“

Er warf erneut einen Blick auf die Fahrkarte.

„Übrigens muss ich sie auffordern, den Sitz zu verlassen und sich im Gang auf den Boden zu setzen. Können sie denn überhaupt bellen?“

Jetzt war selbst Hugo verblüfft.

„Was? Warum....?“

„Dies hier“, fuhr der Herr in Uniform ungerührt fort, „ist nämlich eine Hundekarte. Sie haben am Automaten eine Hundekarte gezogen - und für Hunde ist es verboten, einen Sitzplatz zu benutzen!

Und sie...“, wandte er sich an mich, „...wollen mir ja wohl nicht einreden, dass dieser Hund hier ihr Papi ist, oder?“

„N...nein, nein - wieso?“

„Für eine Kinderkarte sehen sie mir nun doch zu alt aus. Dabei sind die Tasten an den Automaten doch ganz eindeutig gekennzeichnet!“

Um eine weitere Diskussion über Kinder und Hunde zu vermeiden beschlossen wir, nachzuzahlen. Da Hugo meine gesamte Barschaft an die Automaten verfüttert hatte musste er das übernehmen. Das erfüllte ihn sichtlich mit Grimm - wogegen ich nicht umhin kann zuzugeben, dass ich ein Gefühl in mir spürte, das einer gewissen hämischen Schadenfreude verzweifelt ähnlich war!

Die weitere Fahrt nach Saarbrücken verlief nunmehr ohne besondere Vorkommnisse - wenn man davon absah, dass der Teppichboden vor der Toilettentür beim Passieren schmatzende Geräusche von sich gab, ein kleiner Junge die Gelegenheit benutzte, zur Vertreibung der Langeweile auf dem entstandenen See ein Papierschiffchen schwimmen zu lassen, die Dame mit dem Nasenfahrrad ihre Pumps zum Trocknen auf die Heizung gestellt hatte und Hugo sich auffallend schweigsam verhielt.

Im Hauptbahnhof der saarländischen Landeshauptstadt wollte ich zunächst den Fahrplan studieren - aber Hugo, der seine Souveränität inzwischen wiedergefunden hatte, hielt mich davon ab.

„Blödsinn - Fahrplan!“, schnaufte er.

„Seit die Bahn privatisiert ist klappt es mit den Verbindungen perfekt. Der Zug auf dem Nachbargleis am selben Bahnsteig ist immer der Anschlusszug. Und wie du siehst steht er schon bereit. Also steigen wir direkt um, damit wir endlich nach Mainz kommen!“

„Ja, Hugo“, erwiderte ich, beeindruckt ob dieser perfekten Organisation.

„Geh' schon mal vor. Wir haben ja noch zehn Minuten bis zur Abfahrt. Da will ich...na, du weißt ja. Und auf Bahnhöfen soll man eine Zugtoilette doch nicht benutzen!“

Hugo nickte beifällig.

„Ganz recht - obwohl diese Regelung nicht mehr greift, denn auch die Bahn entsorgt mittlerweile umweltgerecht. Aber immerhin - ein Samenkörnlein meiner Bemühungen scheint bei dir doch auf fruchtbaren Boden gefallen zu sein. Also, beeil' dich!"

Stolz über dieses so ungewohnte Lob versicherte ich Hugo meine Dankbarkeit, wartete, bis er eingestiegen war und machte mich dann auf den Weg.

Im Hauptbahnhof von Saarbrücken gibt es - nebst herrlich altmodischen Toiletten - auch seltsame Glaskästen, in denen richtige, lebende Angestellte geheimnisvollen Beschäftigungen nachgehen.

An einem dieser „Service-Center" ließ ich mir gegen Ausstelllung eines Schecks einen Fahrschein nach Mainz aushändigen.

Auf dem Rückweg stellte ich fest, dass Hugo einen Bekannten getroffen hatte, mit dem er sich, in der offenen Waggontür stehend, angeregt unterhielt.

Da wollte ich nun gewisslich nicht stören und beschloss deshalb, ein gegenüber liegendes Abteil aufzusuchen.

Allerdings galt es zunächst, mich an Hugo vorbei zu schleichen, was mir dadurch gelang, dass ich mich lächelnd unter eine japanische Reisegruppe mischte, einem der Asiaten mit einem freundlichen Lächeln die Digitalkamera entriss, und ihn unter freundlichen Lächeln und mit vielen tiefen Verbeugungen immer wieder fotografierte.

An meiner Waggontür angekommen gab ich dem Japaner - immer noch freundlich lächelnd - die Kamera unter vielen erneuten Bücklingen zurück, bewies ihm, dass ich ein Mann von Welt sei, indem ich das einzige Wort meines japanischen Sprachschatzes, nämlich „sayonara" in Anwendung brachte, stieg ein und machte es mir auf dem nächsten freien Sitzplatz bequem.

Draußen ertönte ein schriller Pfiff und Hugo fuhr zurück, denn die automatische Tür schloss sich abrupt vor seiner Nase.

Dann setzte sich der ICE nach Paris in Bewegung und entschwand in der Ferne.

Er würde frühestens in Metz - wenn nicht gar erst in Reims wieder anhalten.

Immerhin: auch das würde bereits genügen, um den Kilometertarif noch einmal gewaltig zu senken!

Hugos Gesprächspartner wandte sich um, bestieg nun ebenfalls meinen Zug und betrat mein Abteil, wo ich ihn recht freundlich begrüßte. Hugos Bekannte sind nämlich oft auch die meinen - ob ich will oder nicht!

„Gerade habe ich Hugo getroffen", erzählte er mir.

„Wo fährt der denn hin?"

„Keine Ahnung", log ich.

„Aber sie wissen ja, wie Hugo ist: mal hier, mal da!"

„Ja, ja", seufzte mein Gegenüber und schauderte zusammen.

„Man weiß nie, wann er plötzlich hinter einem steht!"

„Ich bin mit ihm bis hier nach Saarbrücken gefahren", erklärte ich weiter.

„Er ist ja nun wirklich sehr umweltbewusst! Deshalb fährt er jetzt regelmäßig mit dem Zug, obwohl er doch auch ein begeisterter Autofahrer ist.

Aber auf seinen Mercedes hat er auch heute wieder bewusst verzichtet!"

„Ach?", staunte unser gemeinsamer Bekannter.

„Ich wusste gar nicht, dass er seinen Führerschein schon wieder hat! Und sie: warum müssen sie mit dem Zug fahren?"

Manche Menschen sind wirklich unerträglich neugierig!

Ich konnte nur hoffen, dass die Fahrt nach Mainz nicht zu lange dauerte, um diesem unangenehmen Zeitgenossen baldmöglichst zu entkommen!

Aber auch bei meinem Verleger durfte ich mich nicht zu lange aufhalten.

Schließlich musste ich heute Abend noch meinen Wagen aus der Werkstatt abholen, wo ich ihn aus Umweltschutzgründen und wegen eines Motorschadens vorübergehend abgestellt hatte!

NETZWERK

Vorbemerkung:

Die folgende Geschichte begab sich zu einer Zeit, als das Internet noch in den Anfängen lag. Wohl aber hatten die Computer bereits Einzug in die Zimmer der Kinder und Jugendlichen gehalten.

Sehr schnell fanden die cleveren Kiddies heraus, dass man die Geräte miteinander verbinden - und zu einem lokalen Netzwerk konfigurieren konnte. Der Nachteil war nur, dass man die Computer dazu alle in einem Raum zusammen bringen musste.

So wurde es vorübergehend bei den Jugendlichen zur Mode, sich in der Freizeit zu einem „Netzwerk“ zu treffen.

*

Mit künstlichen Intelligenzen habe ich nur selten zu tun. Unser gegenseitiger Umgang beruht auf respektvoller Abneigung meinerseits und völliger Ignoranz meiner beachtenswerten geistigen Fähigkeiten auf der anderen Seite.

Nichtsdestotrotz lässt sich eine Begegnung nicht immer vermeiden.

Zwar habe ich im privaten Bereich selbstverständlich auf die Anschaffung eines Computers verzichtet – geistig hochstehende Menschen wie ich es bin haben nun einmal den Vorzug, selbst denken zu können und vermögen ihre Probleme auch ohne die Nabelschnur des Stromnetzes zu lösen.

Doch dienstlich muss ich mich zwangsläufig eines solchen Kunstwesens bedienen – wobei es mir immer noch nicht gelungen ist, herauszufinden, ob es sich dabei um ein weibliches oder aber männliches Wesen handelt. Die Geistesgaben meines

Arbeitsgenossen scheinen denen eines dreijährigen Kindes zu entsprechen, denn er ist einfach nicht in der Lage, diese simple und doch so nahe liegende Frage zu verstehen, geschweige denn, sie zu beantworten.

Dabei würde es doch schon ausreichen, mir einfach seinen Namen preiszugeben.

Aber „Optiplex GS 1“ ist das Einzige, was er mir bis jetzt angeben konnte. Und wenn das der – zugegeben sehr ausgefallene – Name sein sollte bin ich damit keinen Schritt weiter!

Vor einigen Tagen begab ich mich zwecks Ankaufs ein paar neuer Hosen in ein Kaufhaus.

Zielstrebig – schließlich besuche ich dieses Geschäft schon seit Jahren – eilte ich zu der entsprechenden Abteilung, wo ich allerdings feststellen musste, dass sämtliche Hosen scheinbar gerade ausverkauft waren.

Statt dessen wurden hier nun Computer und Zubehör angeboten. Riesige Werbetafeln beschworen die Segnungen des Informationszeitalters.

Aus den Lautsprechern über mir plärrte plötzlich eine Männerstimme:

„Jetzt wechseln zu einem neuen und kostengünstigeren Internet-Anbieter! Selbstverständlich mit kostenlosem Brauser! Heute im Angebot! Fragen Sie bei der Information!“

Bei allem Desinteresse an derartigem Kinderspielzeug musste ich doch den Einfallsreichtum der Werbeabteilung des Hauses bewundern. Seit langem schon erhält man beim Kauf eines Gegenstandes als Werbegag einen anderen, völlig unnötigen dazu. Wenn Sie zum Beispiel ein neues Kofferradio kaufen erhalten sie dazu kostenlos ein sogenanntes Tatoo. Aus was immer es auch bestehen mag – ich werde dieses flache, exotische Zeug jedenfalls nicht essen!

Und jetzt also sogar Dienstleistungen als Gratisdreingabe. Nein danke – ich dusche immer noch selbst. Außerdem habe ich etwas gegen wildfremde Menschen in meiner Duschkabine!!

Doch es ist schon erschreckend, was manche Leute in Kauf nehmen nur weil es nichts kostet!

Ein Rippenstoß riss mich aus meinen Gedanken und beförderte mich aus dieser Abteilung in die daneben liegende für Büstenhalter und sonstige delikate Unaussprechlichkeiten. Der darauf folgende Donnerschlag auf meine rechte Schulter ließ mich alle Hoffnung aufgeben!

„Mensch Tom – gut dass ich dich treffe!“

Ich zog meinen Kopf aus dem Körbchen mit Slips – es war sowieso nicht meine Größe – und suchte panisch nach einem wie immer nicht vorhandenen Fluchtweg.

„Ach. Hugo.....!“

Hugo besitzt natürlich einen Computer und kennt sich mit der neuen Technik aus. Insgeheim beglückwünschte ich mich dazu, nicht mehr in der EDV-Abteilung zu sein, sonst hätte er unweigerlich das Schatzkästlein seines unermesslichen Wissens geöffnet.

„Ich wollte eigentlich. nur neue Hosen......“

„Hier? Bei den Miederwaren?“

Hugo maß mich mit einem verächtlichen Blick.

„Wohl wieder mal verlaufen – wie? Aber egal – Hosen kannst du auch morgen kaufen. Ich muss was mit dir besprechen.“

Sich gegen Hugo wehren zu wollen würde dem Versuch entsprechen, eine Lokomotive in voller Fahrt mit der bloßen Hand aufzuhalten, und so fand ich mich denn unversehens im Restaurant wieder, das jetzt so treffend „Trefferia“ heißt.

Wohin sich Hugo zu Kaffee und Kuchen eingeladen hatte.

„Du drängst mich doch schon lange, dir wieder mal einen Besuch abzustatten“, begann er.

Das war nicht zu leugnen. Sein letzter Besuch – an den ich mich nur mit Schaudern erinnerte – lag nun schon fast eine Woche zurück. Beim Abschied hatte ich beiläufig erwähnt, dass – falls ihn sein Weg wieder einmal in meine Gegend führen würde (Gott soll mich davor bewahren) – und ich zufällig gerade auf dem Balkon stehen sollte (mit Sicherheit werde ich meinen Balkon nie mehr benutzen!! Ob ich ihn vorsichtshalber abreißen lasse?) er mir gerne im Vorbeigehen zuwinken könne.

Wobei ich besonderen Wert auf das Vorbeigehen lege!

„Na ja, ich....“

„Na also! Nun habe ich meinem Sohn und zwei, drei seiner Kumpel versprochen ihm zu zeigen, wie man ein Netzwerk macht. Du hast doch da den großen Kellerraum im Haus, den sogenannten Trockenraum, und Strom gibt's da auch. Da können wir doch das Angenehme mit dem Nützlichen verbinden!“

Ich war verblüfft.

„Na ja, der Raum ist wirklich sehr geräumig. Aber dass du jetzt Fischer werden willst? Und Fischernetze sind doch relativ groß! Ob der Keller dafür reicht?“

Hugo betrachtete mich mit dem Blick eines Wärters, der einen Schwachsinnigen beaufsichtigt.

„Fischernetze! Quatsch! Das ist ne Computersache! Da verbindet man mehrere Computer miteinander, und dann... na, du wirst schon sehen.

Also – abgemacht: am Samstag kommen wir dann. Ciao!“

Ich hatte Hugo noch nie so schnell freiwillig verschwinden sehen, und ich staunte – bis ich den hinter mir stehenden Ober mit der Rechnung bemerkte.

*

Am Wochenende ist Ausschlafen Pflicht – jedenfalls bei mir. Gewöhnlich erhebe ich mich nicht vor zehn Uhr und frühstücke am Samstag und Sonntag dann bis gegen zwölf, wobei sich diese Zeiträume durchaus noch weiter gegen Abend verschieben können.

Das hat den ungeheuer praktischen Effekt, dass ich dadurch das teure Mittagessen spare und ich zudem die Abende davor so angenehm als möglich gestalten- und so lange als möglich ausdehnen kann.

Nicht so an diesem Samstag morgen, denn es klingelte.

Es klingelte sogar heftig. Es klingelte Sturm!

Als es Orkan klingelte versuchte ich mit schlafgeschwollenen Augen mühsam auf der Leuchtanzeige des Radioweckers die Uhrzeit zu entziffern.

Halb acht – noch mitten in dunkelster Nacht!

Ob der Krieg ausgebrochen war? Dem Läuten nach mussten mindestens sechs Atombomben gefallen sein!

Oder war gar die komplette Regierung zurückgetreten?

Mit vorgestreckten Armen taumelte ich zur Haustür und riss sie auf.

Draußen stand ein Computerbildschirm mit zwei krummen und mageren Beinen. Auf dem Gehäuse schwebten eine Kabeltrommel und eine Tastatur.

„Schnell, schnell – es regnet!“, keuchte der wandelnde Computer mit auffallend heller Stimme.

„Was. ?“

Unvermittelt setzten sich die Beine in Bewegung. Der Bildschirmkörper stieß mich zur Seite und hinterließ einen schmerzhaften Eindruck auf meiner dritten Rippe.

Dann verschwand der sprechende Computer in Richtung Kellertreppe.

„Schnell, schnell – das Zeugs darf nicht nass werden! Lass mich vorbei, Alter!“

Das war unzweifelhaft eine Mädchenstimme.

Dieses Mal eilte eine bebeinte Computerin an mir vorbei, nicht ohne meinen Hüftknochen eindeutig zu belehren, dass er im Wege war.

Während ich mich krampfhaft an der geöffneten Tür festhielt begann um mich her ein hektisches Gerenne.

Draußen regnete es in Strömen. Auf der Straße standen 8 Wagen mit geöffneten Kofferraumklappen. Daneben viele mir völlig unbekannte erwachsene Personen, die in flinker Emsigkeit aus den unergründlich scheinenden Tiefen der Kofferräume monströse Gerätschaften in unendlicher Zahl ans Tageslicht beförderten und sie zu Stapeln aufbauten. Und zwischen dieser sprudelnden Gerätequelle und meiner Haustür hatte sich so etwas wie eine Ameisenstraße gebildet. Türme von Computern, Bildschirmen, Kabeltrommeln, Steckdosenleisten, alle mit Beinen und Füßen in Turnschuhen bewehrt, schwankten im Galopp zu mir herein.

Verworrenes Geschrei drang an mein Ohr.

„Nun macht doch – das wird ja alles nass!“

„Kannst du nicht n´bisschen schneller?“

„He – das ist meiner, du Depp!“

„Klappe zu – Klappe zu – da ist doch noch mein Rechner drin!“

Das Gedränge in meinem engen Flur wurde unmenschlich. Die Kellertreppe ist womöglich noch enger, ist sie doch nur für einen Ein-Personen-Haushalt gedacht. Deshalb stapelte sich in rasender Geschwindigkeit an den Wänden meiner Wohnung mehr und mehr Computer-Zubehör. Die Ähnlichkeit mit der EDV-Abteilung des Kaufhauses wurde immer frappierender.

Wenn man im Nachthemd bei strömendem Regen in der Zugluft einer kalten Winternacht steht bleiben die Folgen nicht aus.

„Ha-ha-haptschiee!“

„Gesundheit!”, dröhnte eine mir wohlbekannte Stimme.

„Mann – wie läufst du denn hier rum? Begrüßt man so seine Gäste? Zieh dir mal was Anständiges an – und dann gehst du einkaufen! Ich kenne dich doch – wahrscheinlich hast du wieder so gut wie nichts im Haus!“

„Ei-ei-einkaufen? Aber wieso? Warum?“

„Oh Mann – noch nie was von ner LAN-Party gehört? Also, erst mal holst du Bier. Cola natürlich auch. Am besten von allem gleich ein paar Kästen. Und Chips und anderes Knabberzeugs. Und der Kühlschrank muss voll sein bis wir entschieden haben ob wir ein Reihen- oder ein Rundnetzwerk machen. Na los – hop, hop!“

Eigentlich wollte ich protestieren – aber meine Zähne klapperten bereits derart, dass ich kein vernünftiges Wort mehr herausgebracht hätte.

Also zog ich mich an und ging einkaufen.

Ausladen durfte ich natürlich alleine. Und hereinschleppen auch. Hugo tauchte erst wieder auf als ich bereits luftschnappend auf dem Boden saß. Auf dem Boden deshalb, weil sämtliche Sitzgelegenheiten und Tische aus meiner Wohnung auf geheimnisvolle Weise verschwunden waren.

Ich besitze vier Tische und zehn Stühle – aber alle glänzten durch Abwesenheit. Beim Hereinkommen hatte ich gerade noch den letzten Tisch langsam im Kellertreppenschacht versinken sehen. Dafür lag jetzt das, was auf den Tischen gelegen und gestanden hatte, in anmutig bunter Vielfalt auf Fensterbrettern und auf den Fußböden herum.

Auch die Gerätepyramiden auf dem Flur hatten sich in Nichts aufgelöst – dafür war dort ein dampfender Vulkan aus Turnschuhen aus der Erde geschossen. Von ihm aus führte eine nasse, dunkle Spur Richtung Kellertreppe.

„Und jetzt“, verkündete mir Hugo, bevor er wieder entschwand, „jetzt kochst du einen großen Pott Kaffee!“

Kaffee – die Idee war gut.

Doch vorher galt es für ihn Platz zu schaffen.

Das Bad war besetzt.

Also, erst mal Schuhe aus, Kaffee aufgesetzt und dann........

Das Bad war immer noch besetzt.

Aus dem Keller drang lautes Stimmengewirr zu mir herauf, dem ich manchmal geheimnisvolle Satzfetzen entnehmen konnte.

„....kein Reihennetzwerk – Rundnetzwerk, du Eierkopf! Haben wir doch eben gesagt!“

„...Fire-wire. ? Nee – ich nicht. !

„. das ist nicht kompatibel. PS 2! Hast du keinen mit PS 2?“

„. dann halt damit. Gut. Geht auch mit cross-over.“

„...Fire-wall? Wozu? Sind doch nicht im Netz!”

„He, du Macho – so viel Platz braucht keiner außer dir! Rück mal – oder du kriegst eins auf die Birne!“

„.....deine Tussi ist ganz schön herb! Ist die immer so?“

„Nee – nur wenn du deine dabei hast!“

Die Kaffeemaschine röchelte. Der Kaffee sah seltsam hell aus. Eigentlich wie heißes Wasser!

Klar – ohne Kaffeepulver kann man nicht mehr erwarten.

Also, noch mal von vorn, das Ganze! Dann aber ganz schnell.......

Das Bad war besetzt.

In der Küche röchelte schon wieder die Kaffeemaschine. Ihr Produkt war nun schön schwarz, wie es sich gehört.

Allerdings bildete es einen dampfenden, dünnen Film auf Schrank und Fußboden.

Man sollte eben immer die Kanne unter den Auspuff stellen wenn der Tropfschutz fehlt!

Der neugierige Kaffee hatte natürlich auch die Schubladen inspiziert – aber die wollte ich ja eh schon lange wieder einmal ausräumen.

Aus dem Keller drang immer lauteres Stimmengewirr, Getrampel, das Scharren von Möbelfüßen und Geschrei.

Dann, abrupt und erschreckend in seiner Plötzlichkeit, trat tiefste Stille ein.

Ich hätte mich gerne gesetzt – aber ich hatte ja keinen Stuhl mehr. Und den Fußboden hielt der Kaffee besetzt.

Also aufwischen, Schrank säubern – und nun war der Kaffee endlich fertig und schön in der Kanne eingesperrt.

Eine Tasse davon hätte mir jetzt gut getan – aber Hugo war schneller.

Mit einem strafenden Blick und der Bemerkung „na endlich!" riss er die Kanne mit dem dritten Aufguss von der Maschine und entschwand nach draußen. Gleichzeitig räumten ein sommersprossiger Jüngling und eine nabelfreie Blondine den Geschirrschrank aus.

Doch im Moment ließ mich das kalt, denn ein gewisses Problem drängte alles andere in den Hintergrund.

Das Bad war besetzt. Schon wieder oder immer noch?

Der Nachbar zur Linken war verreist – der zur rechten noch im Bett. Blieb nur die Birke im Garten.

Sie hat es mir hoffentlich nicht übel genommen!

Ins Haus zurückgekehrt begann mein Magen mich energisch an die Notwendigkeit fester Nahrungsaufnahme zu erinnern.

Dann tat es einen Knacks und ich stand im Dunkeln.

Aus dem Keller ertönte verworrenes Geschrei, das von Hugos Organ schon bald übertönt wurde.

„Tom – wo sind die Ersatzsicherungen?"

Derartigen Luxus besitze ich nicht. Noch nie hat eine Sicherung bei mir den Dienst verweigert! Mein Stromverbrauch ist derart gering, dass die Gemeindewerke regelmäßig anfragen, ob ich nicht vielleicht zwischenzeitlich gestorben sei!

Hugo tastete sich an mir vorbei zum Sicherungskasten. Sehen konnte ich beide nicht – aber was sich bewegt kann niemals ein in die Wand eingemauerter Kasten sein.

„Typisch!“, schnaufte Hugo grimmig.

„Nichts im Haus. Müssen wir sie eben mit Stanniol flicken!“

„Knacks!“

Aus der Nacht wurde wieder Tag - - - und die Toilette war besetzt.

Ob da drinnen jemand übernachtete?

Hugo packte mich am Ärmel und riss mich von der Toilettentür weg Richtung Keller.

„Komm mit, sieh`s dir an! Du wirst staunen!“

Das tat ich denn auch gebührend. Hauptsächlich vor Freude, denn im Keller fand ich mein gesamtes verloren geglaubtes Mobiliar nebst Geschirr wieder.

Es sah da sogar recht ordentlich aus. Man hatte die Tische zu einem „U“ zusammen gestellt. Zwölf Bildschirme flackerten. Zwölf eifrige junge Menschen, lang- und kurzhaarig, dick und dünn, baseballbemützt – Schirm natürlich nach hinten - und nabelfrei, hämmerten auf den Tastaturen herum. Ab und zu stießen sie abgehackte Bemerkungen aus.

„Nun mach schon, Blödmann!“

„Du Arsch – das dauert noch!“

„He, Tussi, dein alter Kasten kommt ja überhaupt nicht auf Touren!“

„Leck mich. !“

„Abgestürzt – fang ich wieder von vorne an!“

Die Sprache der Jugend verzichtet auf alle unnötige Schnörkel. Sie ist herzerfrischend prägnant und direkt!

„Was tun die da?“, flüsterte ich ehrfürchtig.

„Die konfigurieren das Netz!“, dröhnte Hugo.

„Aha!“, nickte ich verständnislos.

Wie Schlangen wandten sich auf dem Boden dicke Kabelstränge entlang. Dazwischen lagen gut bestückte Steckdosenleisten. Eine davon wies Brandstellen auf und qualmte. Ein interessanter Duft nach verschmortem Plastik hing in der Luft.

Fasziniert starrte ich auf das emsige, mir völlig unverständliche und geheimnisvolle Treiben. Hugo hatte sich ebenfalls vor den einzig noch freien Bildschirm gesetzt und hämmerte mit.

Die Gesichter der fleißigen Hämmerer nahmen allmählich alle den gleichen Ausdruck an: glasige, leicht hervortretende Augen, die starr auf den Bildschirm gerichtet waren, halb offener Mund, weißbläuliches Antlitz, über das der flackernde Bildschirm seltsame Lichtmuster warf.

Plötzlich wildes Geschrei:

„Ich hab`dich!“

„Ich bin drin!“

„Ich auch!“

„Julia – wo bleibst du denn?“

„Komme schon - - warte - - jetzt!“

Ehrfurchtsvoll zog ich mich zurück. Jetzt endlich musste ich doch.........

Das Bad war besetzt!

Das stimmte mich nachdenklich. Alle Computerplätze waren doch belegt! Wer zum Kuckuck. ?

Behutsam klopfte ich an die Tür.

„Hallo. ?“

Keine Antwort.

Aber vielleicht wurde das Bad ja auch für das Netzwerk gebraucht und war so lange gesperrt? Immerhin war doch im Supermarkt von einem geheimnisvollen Brauser die Rede gewesen.

Schade, dass ich nicht hinein konnte.

Den Schlingel hätte ich mir zu gerne einmal angesehen!

*

In scheinbar ausweglosen Situationen haben mich meine herausragende Intelligenz und meine überdurchschnittliche Improvisationsgabe noch nie im Stich gelassen. Also fuhr ich ins nächste Café – mit freier Toilette!! – wo ich ein ausgiebiges Frühstück zu mir nahm. Anschließend besuchte ich eine befreundete Familie – mit frei zugänglicher Toilette!!! – und den Abend verbrachte ich im Kino – mit vier freien Toiletten zur Auswahl!!! - wo ich mir allerdings zu meinem Leidwesen den Film „Matrix II“ ansehen musste.

Als ich gegen Mitternacht nach Hause kam stellte ich fest, dass sich die Geräuschkulisse in meinem Keller geändert hatte.

Seltsame Töne, vermischt mit einzelnen Ausrufen, drangen nach oben.

„Tusch-tusch-tusch. Au! Verdammt! Dang-dang-dang! Tusch-tusch – tusch! Dang! Bongerong! Bongrongrong! Tusch! He! Tusch! Du hast ja – tuschtusch – tusch – die Nadine erwischt! Der Benny – rong – tusch – tuschtusch – ist dran!“

„Tuschtusch – Idiot! – rongerong – tusch – soll halt aufpassen! Dangelang – tusch – tuschtusch! Ring! Bäng!

Rongerong – bong – tuschtusch! Au – Scheiße – doch – tusch – nicht mich! Tuschtusch!“

Ich – tusch – tuschtusch – beschloß, schlafen zu gehen. Was auch immer da unten geschah – morgen würde ich die Leichen wegräumen und alles – tuschtusch – tusch – rongrong – würde vorbei sein!

Das Bad war besetzt.

Blieb wieder nur die Birke.

Dann aber ließ ich mich in den Schlaf tuschtuschen – der aber nicht lange anhielt.

Irgendwann, so gegen drei Uhr morgens, wurde ich wach – wahrscheinlich, weil ich das lieb gewordene Tuschtusch vermisste.

Es war seltsam still in meinem Keller. Grabesstill. Verdächtig, unheimlich still!

Neugier gehört nicht zu meinen Schwächen, darüber bin ich erhaben. Allein die Sorge um meine Gäste trieb mich aus dem Bett in den Keller hinunter.

Dort bot sich mir ein gespenstisches Bild!

Geisterhaft flackernde Bildschirme warfen ihr bleiches Licht in eine stehend Wolke aus Zigarettendampf. Auf dem Boden, kreuz und quer hingestreckt und geziert durch eine Unzahl leerer Bierflaschen, lagen die Netzwerkjünger und schliefen – mitten drin, sozusagen als markantes Zentrum mit hochgewölbtem Bauch Hugo, der mit offenem Mund schnarchte.

Ich huschte zum Bett zurück. Na also – es war überstanden. Nun schnell noch die Gelegenheit genutzt und vor der Rückkehr ins Reich der Träume.......

Das Bad war besetzt!

Blieb erneut die arme Birke.

Wenn man in schneeloser, frostklirrender Nacht um drei im weißen Nachthemd im Garten auftaucht kann das unvorhersehbare Nebenwirkungen haben, weil es eventuell seltsame Assoziationen hervorruft.

So flüchtete ein Spätheimkehrer torkelnd und mit entsetztem Schnaufen. Weiße Mäuse war er zwar gewohnt – aber in dieser Größe?

Die Birke nahm`s geduldig hin.

Trotzdem machte sich in mir die dumpfe Ahnung breit, dass der Zeitpunkt kommen musste, an dem sie als äußerst luftiger Toilettenersatz nicht mehr ausreichen würde!

Zurück im Bett freute ich mich auf einen langen Schlaf – der drei Stunden später abrupt beendet wurde.

Eine verworrene Geräuschkulisse aus Getrampel, Geschrei und anderen Tönen riss mich aus dem Paradies meiner Träume.

„Tuschtusch – dongerong – krang – krang – tusch – tusch – tuschtusch – ah! – au! – dang-dang – tusch – rong – verdammt! – rengerengereng – tusch – tusch!“

Erfreut erhob ich mich. Die Welt war wieder in Ordnung. Mein geliebtes Tuschtusch war wieder zu hören – und.....

Das Bad war besetzt!

Also, erst mal frühstücken.

Doch das gestaltete sich schwierig!

Eine Kaffeemaschine ist ohne Kanne nun mal nicht benutzbar. Der Kühlschrank war zwar noch vorhanden – aber sauber ausgeräumt. Auch Brot war nicht mehr zu finden. Blieb die Notration eines Junggesellen: Schokolade, Chips, Salzstangen und ähnliches. Aber auch hiervon war kein Krümelchen mehr zu finden.

Nun kann man zwar bis zu einer gewissen Grenze Essen durch Trinken ersetzen. Aber Leitungswasser mag ich nicht – und alle anderen Vorräte wie Bier, Cola, Orangensaft und so weiter, von denen ich doch eine reichhaltige Auswahl besaß, waren spurlos verschwunden.

Dafür war das Bad besetzt!

Knacks – erneut erloschen alle Lichter.

„Jetzt ist es die Hauptsicherung!“, hörte ich Hugos Stimme. „Hat irgendwer noch Stanniol?“

Nun – diese kleine Panne konnte dank Hugos Findigkeit, Stanniol und ungeduldiger Anfeuerungen aus dem Keller in kürzester Zeit behoben werden. Und schon bald drang die Symphonie des Chaos erneut aus den Tiefen des Kellers bis an meine Ohren.

Aus Erfahrung wird man klug - tuschtusch - und das nächste Café würde mir bestimmt zu einem Frühstück – und einer freien Toilette!! – verholfen haben.

Dagegen sprach nur, dass dieses Café erst in drei Stunden öffnen würde.

Außerdem klingelte es an der Haustür.

Man sollte morgens um sechs niemals die Haustür öffnen. Um diese Zeit begehrt selten jemand Einlas, der frohe Botschaft bringt.

„Pizza-Service! 14 Pizza, 18 Cola, 4 Burger, zwei italienische Salat. Nachtzuschlag und Bringservice. Macht 158 Euro Sechzig!“

Schon türmte sich auf meinen Armen ein Berg von Schachteln und Bechern. Gleichzeitig wurden mir zwei schwere Tüten zwischen die Beine geschoben.

„He – Moment – ich habe.......“

Ich verstummte, denn hinter mir erklang ein Geräusch, das ich schon lange nicht mehr gehört und doch so schmerzlich vermisst hatte. Das Schloss der Badezimmertür bewegte sich mit einem klackenden Laut. Die Tür öffnete sich.

Noch während ich versuchte mich umzudrehen erschienen vor meinen Augen an der obersten Schachtel zwei winzige Händchen. Der Turm wurde um zwei Schachteln und einen Becher vermindert,

Dann schlug die Badezimmertür wieder zu und wurde versperrt.

Wer war das? Der geheimnisvolle Brauser sicherlich nicht, denn gemessen am Umfang der Hände konnte das Wesen nicht viel größer als knapp einen Meter sein – und wie soll ein solcher Gnom einen ausgewachsenen Menschen abduschen?

„Du zahlen!“, sagte die Stimme vor mir.

„Aber ich nix bestellt!“, erwiderte ich unwillkürlich.

„Du angerufen. Ich kommen aus Bett von warme Frau für liefern. Du zahlen. Sofort!“

Wieder einmal war es Hugo, der mich erlöste.

„Ey, Kiddies, es gibt was zu mampfen!“, brüllte er, entriss mir die Schachteln, griff nach den Tüten und versank im Keller.

„Du zahlen!“, beharrte der Italiener vor mir.

„Aber ich wirklich nix bestellen!“, versuchte ich ihn aufzuklären.

„Du bestellen mit diese Adresse. Ich nix steigen in Nacht aus meine Frau und lassen Bett allein um diese Zeit für nix!“

Er musste Sizilianer sein, denn er hatte ein langes Messer gezogen und begann energisch an seinen Fingernägeln herum zu schnitzen.

„Aber ich sagte doch. !“

Weiter kam ich nicht. Er trat einen Schritt auf mich zu und überschüttete mich mit einem muttersprachlichen Redeschwall, dem ich nur die Worte „kaputto“ und „perdutto“ entnehmen zu können glaubte.

Im Zusammenhang mit dem langen Stilett machte mich dies nun doch nachdenklich.

Ich kann nicht italienisch. Aber perdutto und kaputto und ein langes Messero sind international.

Also zahlte ich.

Um dem Ganzen einen versöhnlichen Abschluss zu geben fragte ich ihn, als er ging, noch freundlich:

„Aus welcher Gegend in Sizilien kommen sie denn?“

Er steckte das Messer ein.

„Ich nix Italiener. Ich Finne aus Abo!“

Erschüttert schloss ich die Tür.

*

Die Toilette war besetzt.

Noch immer nahm`s die Birke geduldig hin. Allerdings wurde ihre Umgebung dank der herrschenden Eiseskälte immer glitschiger! Im Licht des fahlen Mondes erglänzte eine wellenförmige, gelblich gefärbte Eisplatte. Zum Stamm würde man demnächst wohl nur noch mit Schlittschuhen oder auch Steigeisen gelangen können.

Längere Überlegungen verboten sich im Hinblick auf meine klappernden Zähne und die neckischen Gänsehäute, die mich allüberall bedeckten.

Zurück ins warme Bett!

Fröstelnd huschte ich zum Schlafzimmer, und.......

Das Bett war besetzt!

Irgendetwas mit langen Haaren hatte sich tief in die Decken gewühlt. Ob nabelfrei oder baseballkappengeziert war nicht auszumachen.

Die Jugend braucht ihren Schlaf – also zog ich mich an, stellte mich ans Fenster, rauchte eine Zigarette und genoss den Blick über das spärliche Lichtermeer unseres kleinen Ortes.

„Knacks!“, machte es hinter mir.

Dann stand ich im Dunkeln.

Da gleichzeitig die Straßenlaternen vor dem Hause den Betrieb einstellten stand ich in noch dunklerem Dunkel!

Sanft verloschen als nächstes die Lichter der Nachbarstraße, dann die im gegenüberliegenden Viertel. Irgendwer im Elektrizitätswerk schien zu dem Schluss gekommen zu sein, dass die Nacht zu Ende sei und im Rahmen des Energiesparprogramms allen künstlichen Lichtquellen den Garaus zu machen.

Von meinem Haus aus kann ich fast den gesamten Ort überblicken, und es war ein interessantes Erlebnis, ihn nach und nach in der Schwärze der Winternacht verschwinden zu sehen. Nur die große Neonreklame des Supermarktes wehrte sich noch und stand wie ein Fanal am Himmel. Oder flackerte sie bereits?

Einige der Häuser in der direkten Nachbarschaft schlossen nun auch die Augen – und dann verschwand lautlos und mit erschreckender Plötzlichkeit auch der Schriftzug des Euro-Marktes.

Ägyptische Finsternis lagerte dräuend über meinem Haupt. Nur die Sterne funkelten noch und gestatteten somit dankenswerter Weise die Unterscheidung zwischen unten und oben – aber die sind auch nicht von unserer Elektrizitätsgesellschaft abhängig!

Ich schüttelte den Kopf. So weit waren wir also schon, dass Tag und Nacht von Staats wegen vorgegeben wurden – nur um ein bisschen Energie zu sparen! Die Auswirkungen dieses scheinbar neuen Gesetzes hatte ich noch nie so direkt miterlebt – aber ich muss zugeben, dass ich mich um diese Zeit auch nur sehr selten im aufrechten Gang bewege!

Fasziniert von dem geschilderten Schauspiel kam mir erst jetzt die Lärmkulisse aus dem Keller zu Bewusstsein. Gleichzeitig peinigte ein penetranter und stechender Geruch nach verschmortem Kabel meine Geruchsnerven.

In dem lauten Stimmengewirr konnte ich deutlich Hugos Organ unterscheiden – sein dröhnender Bass hob sich sehr auffällig von den viel helleren Jugendstimmen ab. Verstehen konnte ich zwar kaum etwas – aber es hörte sich nicht sehr fein an.

Hugos Stimme kam näher – mit untrüglicher Sicherheit landete seine Pranke krachend auf meiner Schulter. Anbetracht der Tintenschwärze um uns her war das eine beachtliche Leistung!

„Wir hören auf für dieses Mal", verkündete mein Busenfreund.

„Deine altertümlichen Sicherungen halten ja nichts mehr aus – zu flicken ist da auch nichts mehr! Wenn du uns schon zum Netzwerk spielen einlädst solltest du wenigstens eine ordentliche Stromversorgung haben!"

„Aber ich... das war doch deine......"

„Eine Unverschämtheit ist das! Was glaubst du, wie sauer die Kiddies sind! Die haben sich so viel Mühe gegeben, sind extra an ihrem freien Samstag in aller Herrgottsfrühe aufgestanden, weil sie sich so auf das Netzwerk gefreut haben!

Aber nein – ausgerechnet bei einem wie dir müssen sie landen! Bei denen bist du unten durch, das kannst du mir glauben! Wenn ich nicht so einen guten Draht zu Dirk hätte.... du kannst wirklich froh sein, dass ich ihn gestern noch dazu überreden konnte, dir ein bisschen zu helfen!"

„Mir ? Wobei... ?"

„Wir kommen nächste Woche und ziehen komplett neue Strippen. Und Dirk als Elektriker wird das gesamte Stromnetz renovieren. Da müssen wir zwar ein paar Mauern aufstemmen – aber das macht diesem Gemäuer auch nichts mehr aus. Sieh zu, dass du einen Maurer beikriegst, der nachher alles wieder zu macht!"

„Aber Hugo, ich......"

Doch Hugo entfernte sich schon donnernden Schrittes.

Draußen hörte ich Wagen vorfahren. Autotüren schlugen zu.

Es klingelte.

Der Versuch, zur Haustür zu gelangen scheiterte kläglich.

Auf dem Flur herrschte bereits ein Gedränge wie in Tokios Hauptbahnhof zur Rushhour. Zu sehen war zwar absolut nichts – aber mehrere schmerzhafte Begegnungen mit harten Gegenständen belehrten mich darüber, dass die Ameisenstraße scheinbar erneut für den Verkehr freigegeben worden war – allerdings in umgekehrter Richtung als zwei Tage zuvor.

Ein ärgerliches Hindernis bildete der Schuhberg im Eingangsbereich – einmal in eigener Person als Stolperfalle, andererseits aber auch deswegen, weil ständig jemand auf den Knien davor herumzukriechen schien und den erfolglosen Versuch unternahm, in stygischer Finsternis seine eigenen Schuhe zu erkennen. Die schäumenden Wellen des fließenden Verkehrs brandeten an ihm zwangsläufig immer wieder hoch auf und bildeten reizvolle akustische Höhepunkte in der sich unaufhaltsam aus meinem Flur ergießenden Sturmflut.

Hugo löste das Problem schließlich höchst elegant, indem er alle erreichbaren Schuhe nach draußen in den Schneematsch kickte.

Das Protestgeschrei der Eltern, die per Handy alarmiert und zur Abholung ihrer hoffnungsvollen Sprösslinge herbeigeeilt waren, ignorierte er hoheitsvoll.

Es ließ sich nicht leugnen – meine Wohnung wurde leerer. Das war am sinkenden Geräuschpegel eindeutig zu erkennen. Zum Schluss klackte noch einmal die Badezimmertür und irgendetwas huschte an mir vorbei und zur Haustür hinaus. Sehen konnte ich es nicht – ich spürte es nur am Luftzug.

Entschlossen, dem Geheimnis auf den Grund zu gehen hielt ich den letzten der draußen im Matsch nach seinen Schuhen herumkriechenden Baseballkappenjüngern fest.

„He – wer war denn das da eben?“

„Wer?“

„Der da grade aus dem Bad kam!“

„Ach der – das war der Hannes. Der ist noch zu klein für Netzwerk, will aber immer bei allem dabei sein. Ah – das müssten sie sein! Tschau, Alter!"

Nun wusste ich es also: der Brauser hieß Hannes und durfte nicht mitspielen.

Aber wozu war er dann gut? Und warum musste er im Klo eingeschlossen hausen?

*

Ins Haus zurückgekehrt zündete ich eine Kerze an und durchforschte alle Zimmer einschließlich der Kellerräume nach etwa vergessenen Baseballkappen- bzw. Nabelfrei-Anhängern.

Aber ich fand keine mehr – man hatte sie alle mitgenommen.

Das Chaos war unbeschreiblich. Die meisten Steckdosen bestanden nur noch aus qualmenden, dunklen Löchern, fast sämtliches Mobiliar aus zwei Stockwerken stapelte sich im Trockenraum – und meine Lebensmittelvorräte waren verschwunden. Ich würde zwei Tage zum Umräumen brauchen – und ein Vermögen von der Bank, um einzukaufen!

Trost spendete mir nur die Tatsache, dass ich endlich – endlich in aller Ruhe, wann immer und so lange ich wollte, meine Toilette würde aufsuchen können.

Und das würde ich jetzt als allererstes tun!

Es klingelte.

Man sollte sich eben nie zu früh freuen!

Mein ausgeglichenes Wesen verbietet mir jede heftigere Gefühlsregung – und so riss ich nur leicht missmutig die Haustür auf und schrie in die Nacht hinaus:

„Was zum Kuckuck habt ihr denn jetzt noch vergessen?“

Ein Taschenlampenstrahl fraß sich messerscharf in meine Pupillen und eine Männerstimme sagte:

„Wir sind vom Notdienst aus dem Elektrizitätswerk. Es gibt da eine Störung im Stromnetz. Ein Kurzschluss oder so. Jedenfalls hat er alle Absicherungen übersprungen und den ganzen Ort stromlos gemacht. Wir haben das zurückverfolgt – es muss von diesem Haus ausgegangen sein!“

„Von hier? Äh... tja.....nein, unmöglich. Wieso denn auch?“

„Es ist aber so. Lassen sie uns bitte hinein – wir müssen das prüfen!“

„Ja... aber. die haben doch nur........“

Doch die Taschenlampe hatte sich bereits erbarmungslos an mir vorbei gedrängt.

Gleich darauf hörte ich einen lauten Ausruf:

„Aha! Also, doch – das habe ich mir gedacht. Mann, das wird sie ganz schön was kosten, bis wir das wieder in der Reihe haben! He, Theo, schau dir das mal an! Du glaubst es nicht! So was hab ich ja noch nie gesehen!“

Eine zweite Taschenlampe bewegte sich auf mich zu. In ihrem Schein erkannte ich die traurigen, zertrampelten und mit Matsch gefüllten Ruinen eines letzten, einsamen Paares Schuhe auf dem Gehweg.

Es waren meine!

Vorige Woche gekauft – meine besten Sonntagsschuhe!

Ergeben schloss ich die Tür.

Braucht jemand ein Haus um ein geheimnisvolles Netzwerk einzurichten?

Auch eine Toilette für den Brauser wäre vorhanden. Und das Stromnetz wird komplett erneuert!

Allerdings erst nach dem Verkauf!

DAS BAD

Eines Tages sagte meine Frau zu mir:

„du, Thom, man müsste den Liguster wieder einmal schneiden!“

Ich verkroch mich tiefer hinter meine Zeitung. Derartige Sätze kenne ich nämlich zur Genüge, und zwar in mehreren Abwandlungen. Manchmal heißt es „man sollte doch endlich....“, oder, konkreter: „du hast schon lange nicht mehr....“ und so weiter.

Übrigens hatte mein angetrautes Eheweib Recht. Die Ligusterhecken in unserem Garten sahen bereits wie wildgewordene Zahnbürsten aus. Irgendwann also würde „man“ diese lebenden Zäune stutzen müssen.

Nun ist das Schlimme dabei nicht etwa das Schneiden, denn das geht mit der elektrischen Heckenschere wunderbar - wenngleich man im Durchschnitt ein Mal pro Stunde eine Pause einlegen - und das zerschnittene Kabel flicken muss.

Doch nach dem Schneiden kommt das Zusammenlesen des Abgeschnittenen, und zwar vor allem beim Nachbarn drüben. Dieser liebenswerte Mensch hat direkt an unserer Hecke - fantasielos wie er ist - einen sauberen Kiesstreifen angelegt, und wenn ich seinen Garten betrete, bewaffnet mit Eimer, Rechen und Besen, dann pflanzt er seine zwei Meter und zehn neben mir auf, unterhält sich mit mir über das Wetter und macht mich freundlich auf jedes einzelne Blättchen aufmerksam, das noch in seinem Kies zu sehen ist.

Wenn er wenigstens noch grünen Kies genommen hätte!

Aber nein - makellos weiß glänzt jeder Kieselstein und bildet einen hässlichen Kontrast zu dem hübschen, frischen Grün der Ligusterblättchen.

Ich entschloss mich zur Hinhaltetaktik, zog die Zeitung noch etwas höher und brummte „so", wobei ich meiner Stimme jenen gleichgültigen Klang verlieh, der weder auf Zustimmung noch auf Ablehnung schließen lässt.

„Und der Installateur", fuhr meine Frau durch die offene Küchentür fort, „hast du den noch einmal angerufen? Die Waschmaschine muss endlich an den Waschbeckenabfluss angeschlossen werden. Vielleicht kann er sie ja auch gleich an der Wand befestigen, damit sie beim Schleudern nicht mehr durchs ganze Badezimmer hopst!"

Schrecklich! Diese Frau vergisst scheinbar nie etwas!

Zu Beginn unserer Ehe war ich ja von ihrem phänomenalen Gedächtnis tief beeindruckt. Doch dann fand ich eines Tages per Zufall in ihrer Nachttischschublade eine Liste vom Umfang einer Klopapierrolle. Fein säuberlich stand darauf notiert, was es für „man" noch zu tun gab.

Diese Liste verschwand eines Tages spurlos und auf rätselhafte Weise, worauf meine Frau an den Rand eines Nervenzusammenbruches geriet, da sie auch ihre Friseurtermine darauf vermerkt hatte.

Auch ich beklagte den Verlust dieser Urkunde aufs Tiefste, da sich meine Frau ab diesem Zeitpunkt auch nicht mehr daran erinnern konnte, wer uns noch Geld schuldete.

Eine Woche lang herrschte Gewitterstimmung - bis es eines Abends wieder hieß: „du hast schon lange nicht mehr.....!"

Leider habe ich die neue Liste bisher noch nicht entdeckt. Aber ich werde sie finden - da bin ich ganz sicher!

Nun also - der Installateur. Übers Jahr oder so wollte er mal vorbeischauen. Er ist ein vielbeschäftigter Mann, und für derartigen Kleinkram schickt er normalerweise seinen Lehrling.

Zur Zeit hat er keinen.

„Er kommt demnächst“, antwortete ich also diplomatisch und begann mit dem interessanten Studium der Todesanzeigen.

Meine Frau geriet in Fahrt!

„Der Rasen müsste auch mal wieder gemäht werden!“

Ich warf einen hoffnungsvollen Blick durchs Fenster auf eine herrlich dicke graue Wolke, die sich vor die Sonne gelegt hatte.

„Das wollte ich gerade tun. Aber es wird gleich regnen. Wenn ich da mähe geht der ganze Rasen kaputt!“

Die Wolke draußen ließ mich im Stich, hielt zu meiner Frau und enteilte dringender Geschäfte wegen nach Süden.

„Dann räum' doch den Keller auf!“, schlug meine Frau, die ordnungsliebende, vor.

Jetzt wurde es lebensgefährlich!

Nach der letzten derartigen Aktion hatte ich drei Wochen lang körnigen Staub und Papierschnitzel gehustet. Und als ich damals aus dem Keller wieder ans Licht stieg, verwehrte mir meine Frau den Zutritt zu unserer Wohnung mit dem Hinweis, laut Vorschrift käme der Schornsteinfeger nur ein Mal pro Jahr und sei erst vor drei Wochen hier gewesen. Mithin müsse es sich um einen Irrtum handeln!

Es dauerte sehr lange, bis ich ihr schließlich mit Hilfe eines Leberfleckes, der als unveränderliches Kennzeichen in meinem Ausweis vermerkt ist, meine Identität bewiesen hatte. Was allerdings geschehen wäre, wenn in meinem Pass in der entsprechenden Spalte „keine“ stünde, möchte ich mir lieber gar nicht vorstellen!

Mit dem Instinkt des gejagten Tieres wusste ich, dass ich mir schleunigst etwas einfallen lassen musste. Andernfalls konnte ich den zweiten Punkt meines Freizeitprogrammes, meine Briefmarkensammlung nämlich, schlichtweg vergessen!

Erst vorgestern hatte ich beschlossen, mich diesem höchst anspruchsvollen Leistungssport, der zudem nur höchst intelligenten Menschen zugänglich ist, zu widmen. Seitdem hatte ich es immerhin bereits auf elf Exemplare gebracht, die dringend einer Zählung, beziehungsweise Kontrolle bedurften.

Schon entstand vor meinem geistigen Auge die Schreckensvision eines wahnsinnig gewordenen Rasenmähers, der mich in irrsinniger Geschwindigkeit über den Rasen zerrte; schon sah ich mich im Keller unter zusammenstürzendem Gerümpel begraben.......

Da fiel mir ein, dass heute Mittwoch war!

Mittwochs pflege ich zu baden und meine Haupthaar zu waschen. Seit mir jemand erzählt hat, das Waschen des Haares fördere seinen Wuchs, war ich dazu übergegangen, mich dieser Prozedur mehrmals wöchentlich zu unterziehen, um den niederträchtigen Plan meiner Stirn, sich bis zum Hinterkopf auszudehnen, zu hintertreiben.

Überhaupt ist Baden ideal! Dem heißen Wasser entstiegen kann man sich natürlich nicht mehr ins Freie wagen, ohne eine Lungenentzündung zu riskieren. Zudem sind körperlich anstrengende Tätigkeiten dann verpönt, da ein heißes Bad das Herz bereits zur Genüge strapaziert hat.

Leise legte ich die Zeitung zur Seite und erhob mich geräuschlos, um die notwendigen Utensilien ins Badezimmer zu schaffen. Frische Wäsche, ein großes Badetuch, ein Band meiner Kurzgeschichten, Zigaretten, ein Martini on the rox, Schreibzeug und das Kofferradio trug ich schleichenden Schrittes hinüber.

Dann kam der gefährlichste Augenblick!

Ich stieß die Küchentür ein ganz klein wenig - wirklich, ganz klein! - weiter auf und rief in das Geschirrgeklapper hinein:

„Liebling, heute ist Mittwoch. Ich geh' ins Bad, ja? Bis gleich!“

Ohne eine Entgegnung abzuwarten schlug ich die Küchentür zu.

Bei dem in der Küche herrschenden Lärm konnte ich natürlich unmöglich verstehen, dass meine Frau mir nachrief: „vergiss nicht, die....!“

Keine Angst - ich vergaß schon nichts. Ich war ja kein kleines Kind mehr!

Aufatmend schloss ich die Badezimmertür hinter mir ab, schob einen dicken Schlauch, der über den Wannenrand hing, etwas zur Seite und ließ heißes Wasser ein. Dann begann ich, fröhlich pfeifend, mich auszuziehen, und lag etwa drei Minuten später, von den Nebeln des Wasserdampfes umwallt, in den herrlichen Fluten.

Meine Frau trommelte an die Tür und rief etwas. Doch ich konnte es erneut leider nicht verstehen, da ich schnell noch etwas heißes Wasser zuließ.

Inzwischen hatte sich draußen das Wetter geändert. Die niederträchtige Wolke war reumütig zurückgekehrt und ließ die Sonne verschwinden. Heulend fegte der Wind ums Haus. Dann begann es zu regnen.

Ich streckte mich wohlig, zündete mir eine Zigarette an und blätterte in meinen eigenen Meisterwerken.

Bei solchem Wetter bade ich am liebsten. Der Wind rüttelte an den Rollos und seufzte um die Hausecken, prasselnd schlugen die Regentropfen an die beschlagenen Scheiben.

Neben mir lief mit tiefem, beruhigendem Brummen die Waschmaschine.

Genießerisch räkelte ich mich noch einmal - es war so richtig gemütlich. So konnte man es aushalten, hier war ich ungestört und zufrieden!

Nach einer Weile legte ich mein Buch zur Seite, trank meinen Martini aus und lauschte der Wettersymphonie und dem rhythmischen Summen der Waschmaschine. Das Seifennäpfchen geriet mir zwischen die Finger, und ich ließ es träge über die Wellen nach Amerika schwimmen und kurz vor der Küste untergehen.

Wohlig verschränkte ich die Arme hinter dem Kopf und übte mich in der anstrengenden Tätigkeit des Genießens.

Die Maschine neben mir schien ihr Programm durchlaufen zu haben, der Motor verstummte. Das war bedauerlich, denn der tiefe brummende Ton hatte die Gemütlichkeit der Atmosphäre noch unterstrichen.

Das Wasser begann abzukühlen.

Gerade wollte ich erneut heißes Wasser zulaufen lassen, als der Motor der Waschmaschine wieder zum Leben erwachte.

Doch jetzt mit einem etwas höher liegenden Dauerton!

Urplötzlich schoss aus dem Schlauch, der noch immer über dem Wannenrand hing, eine dunkle, schäumende und dampfende Brühe, die sich ohne Hemmungen und ohne zu zögern in mein kristallklares Badewasser stürzte! Kleine Inselchen aus schmutzigem grauem Seifenschaum eilten über die Wasseroberfläche und klammerten sich an meinen Beinen fest.

Während ich noch verständnislos auf den Schlauch starrte wurde es mit rasender Geschwindigkeit um mich her unangenehm heiß.

Gleich darauf fuhr ich mit einem Schrei senkrecht in die Höhe, denn nun war es nicht mehr nur heiß - es brühte!

Einen Augenblick stand ich aufrecht in der Wanne.

Dann spürte ich glühende Ringe um beide Waden und flüchtete auf den Wannenrand.

Der Wasserspiegel in der Badewanne war zwar nach meinem taktischen Rückzug etwas gesunken, stieg jetzt jedoch wieder mit ungeahnter Geschwindigkeit. Schon war auch meine Stellung auf dem Wannenrand nicht mehr zu halten und ich sprang auf den Boden hinunter.

Die Waschmaschine pumpte weiter. Es ist einfach unglaublich, welche Wassermengen in eine derart kleine Maschine hinein passen! Noch ehe ich den Stöpsel ziehen konnte hatte die Brühe den Wannenrand erobert und ergoss sich dampfend ins Badezimmer, wobei meine Zehen in Gefahr gerieten, in Brühwürstchen verwandelt zu werden! Da ich auch in Momenten der höchsten Not noch zu klarem und ruhigen Denken befähigt bin, und demzufolge blitzschnell die rechten Entschlüsse zu fassen vermag, erkannte ich sofort die einzige Rettungsmöglichkeit und erklomm die Waschmaschine.Hier war ich vorerst in Sicherheit, und so ließ ich mich im Schneidersitz darauf nieder.Fluchen liegt meinem durchgeistigten Charakter fern. Selbst wenn ich nackt im Schneidersitz auf einer röhrenden Waschmaschine throne vermag ich noch eine gewisse Würde zu bewahren.Und so blieb ich ruhig sitzen und beobachtete schweigend das Wüten der entfesselten Wassergewalten.

Endlich verwandelte sich das Brummen unter mir in ein pressendes Röcheln, das gleich darauf abrupt endete.

Ich atmete auf.

Trübe schwappte der dampfende Sud unter mir gegen die Wände und suchte sich zögernd einen Ausweg unter der Tür durch, um auch den Rest unserer Wohnung ausreichend zu bewässern.

Vorsichtig begann ich mich aufzurichten.

Irgendwie musste ich hier herunter. Allerdings konnte ich nicht einfach in die glühend heiße Suppe da auf dem Boden springen. Wenn ich mich jedoch auf die Waschmaschine kniete konnte ich gerade die Türklinke und den Schlüssel erreichen. Also: hinknien, aufschließen, Tür aufklinken. Anschließend musste ich mich ganz aufrichten, die Tür völlig öffnen, mich an ihren oberen Rand hängen und irgendwie hinaus hangeln.

Gesagt getan.

Stolz auf meinen genialen Plan ging ich auf die Knie, schloss die Tür auf und war gerade dabei, auf die Füße zu kommen.

Da brachte ein wilder Ruck der Waschmaschine unter mir mich wieder unsanft zum Sitzen und das weitere Verfolgen meines Vorhabens gnadenlos zum Scheitern.

Das Monstrum unter mir begann zu schleudern!

Verzweifelt versuchte ich, mich irgendwo an der glatten Oberfläche festzuklammern, während die Maschine, ohne Rücksicht auf ihren Reiter, mit mir durch das gesamte Badezimmer zu hüpfen begann und mir kostenlos Rodeounterricht erteilte!

Gehemmt nur durch den Wasserschlauch und das Stromkabel - und wir haben einen sehr langen Wasserschlauch und ein noch viel längeres Stromkabel an unserer Maschine! - stieß sie zunächst gegen die Badewanne vor.

Ich presste die Knie um die scharfen Kanten der Oberfläche und versuchte, mich an der Plastik „Die Badende“ festzuhalten, was diese mit dem Leben bezahlte.

Ein unvermitteltes Ausweichen nach links brachte mich beinahe zum Absturz.

Doch geistesgegenwärtig stützte ich mich auf der Glasablage über dem Waschbecken ab.

Dafür war die Ablage jedoch nicht konstruiert und lag gleich darauf zerschmettert im Becken.

Die Maschine versuchte jetzt, sich um sich selbst zu drehen, gab dieses Vorhaben jedoch wieder auf und entschloss sich zu einem Ausflug nach rechts, wobei der Motor nie vermutete Töne von sich gab.

Rütteln und schüttelnd landeten wir holpernd an der Tür, stießen zwei, drei Mal mit dumpfem Bums dagegen und wandten uns dann neuen Beschäftigungen zu.

Da ich immer mehr abzurutschen drohte lehnte ich mich so weit es ging zurück und versuchte, die unberechenbaren Bewegungen der Maschine durch Gewichtsverlagerungen auszugleichen. Das gelang nur teilweise und brachte mich mehrfach in Absturzgefahr, was mir Verbrennungen dritten Grades und ein paar Tage Urlaub im Krankenhaus eingebracht hätte.

Eine hohe Bugwelle vor uns her schiebend erreichten wir jetzt das Fenster, stellten fest, dass es noch immer regnete, hopsten zum Waschbecken zurück und betrachteten die Bescherung, vergaßen auch einen Kondolenzbesuch bei der ums Leben gebrachten Plastik nicht, und versuchten noch ein Mal, uns um uns selbst zu drehen.

Da plötzlich erstarb der Motor mit einem letzten Stöhnen.

Die Maschine stand.

Mit einem Krach sprang die Badezimmertür auf. Meine Frau stand auf der Schwelle und betrachtete verwundert die nackte Gestalt, die auf unserer Waschmaschine saß.

„Was machst du denn da oben?“, fragte sie fassungslos.

„Liebling“, entgegnete ich sanft, „man sollte doch endlich die Waschmaschine richtig installieren lassen - meinst du nicht?“

SUPERMARKT

Endlich hatte ich es geschafft. Schweren Herzens verließ ich den Supermarkt, der mir mittlerweile zur zweiten Heimat geworden war. Nun galt es nur noch, die Einkäufe im Wagen zu verstauen - und dann ging's heim, zu Weib und Kind.

Ob mein Ältester inzwischen wohl das Abitur bestanden hatte? Vielleicht hatte meine Kleinste sogar schon das Laufen gelernt!

Ein stürzender Baum schlug auf meine rechte Schulter und ich ging in die Knie.

„Mensch, Thom, was machst du denn hier?"

Es war Hugo!

Mühsam rappelte ich mich hoch.

„Oh, Hugo - mit dir hätte ich aber ganz bestimmt nicht gerechnet!"

Das war gelogen.

Mit Hugo ist immer und überall zu rechnen. Vor allem dann, wenn man ihn absolut nicht brauchen kann!

Leider ist Hugo ungeheuer hilfsbereit. Und wenn es nichts zu helfen gibt - nun, Hugo sorgt dafür, und das im Handumdrehen!

„Meine Frau hat mich zum Einkaufen geschickt", gab ich also Auskunft und strich über meinen Vollbart, der mir inzwischen gewachsen war.

Dann setzte ich hastig hinzu: „aber jetzt bin ich fertig!"

Hugo runzelte die Stirn.

„Einkaufen? Da drin? Und du ganz alleine?"

Natürlich war ich alleine. Warum denn auch nicht? Oder hielt er mich für so blöd, nicht mal alleine einkaufen zu können?

„Ja. Ich, allein. Warum?"

„Warum , warum! Hat wohl ziemlich lange gedauert, dein Einkaufsbummel, was?"

Nun ja - im Hinblick auf meinen Bart konnte ich ihm da schlecht widersprechen. Von Bummel konnte man allerdings weniger reden. Es war schon mehr ein Hindernislauf gewesen!

Immerhin hatte ich es dieses Mal durch einen einzigen, genialen Trick fertig gebracht, die Strecke von der Obst - zur Gemüseabteilung in der Rekordzeit von einer Stunde und zweiunddreißig Minuten zurück zu legen.

Dummerweise hatte ich dabei meinen rechten Schuh verloren, denn einer der Abteilungsleiter hatte meinen Kniff mit den Preisschildern durchschaut und mich grimmig verfolgt. Mein Schuh war ihm dabei bereits in die Händegefallen. Und nur dem Umstand, dass sich ein Heer wütender Hausfrauen um den Kaviar raufte - das Kilo für 0,80 € - während von den Bananen - das Kilo 83,50 € , Sonderangebot! - kein Mensch etwas wissen wollte, hatte ich es zu verdanken, dass er mir nicht schnell genug nach kam.

Bisweilen hat eben nur der Tüchtige Glück. Und die 10 Kilo Kaviar würden uns wohl für die nächsten Jahre reichen.

Zugegeben: der Einkauf hatte sich etwas in die Länge gezogen. Doch nicht umsonst pflegt meine Frau sich in solchen Situationen mit den Worten zu verabschieden: „also, du gehst in den Supermarkt und kaufst die Sachen hier auf der Liste ein. Bis du zurückkommst besuche ich mit den Kindern meinen Bruder in Ostindien“.

Hugo schüttelte den Kopf.

„Ich sehe schon: du hast keine Ahnung, wie man in einem Supermarkt einkauft“.

Eine lächerliche Unterstellung! Hatte ich nicht durch den eben geschilderten Erfolg das Gegenteil bewiesen?

„Alles kalter Kaffee“, behauptete Hugo, nachdem ich ihm meinen Trick erklärt hatte.

„Damit machst du dich lediglich strafbar, das ist alles!“

Au weia - daran hatte ich wirklich nicht gedacht.

Mit einem guten Anwalt hätte man mir jedoch sicherlich nur eine Teilschuld anlasten können. Nun gut, ich hatte den Kaviar rapide verbilligt - aber was hätte ich mit dem Preisschild dafür denn anfangen sollen? Ich war ja förmlich gezwungen, es vor die Bananen zu stellen! Und Bananen zu diesem Preis zu verkaufen ist doch wirklich eine Unverschämtheit!

„Also“, sprach Hugo, „ich glaube, ich muss dir das mal beibringen!“

„Nicht nötig“, wehrte ich eilig ab, „wirklich nicht . Ich bin da vollkommen fit!“

„Richtig“, nickte Hugo.

„Du hast also keine Ahnung. Na schön - ich bin ja kein Unmensch und werde dich also einen Blick in das Schatzkästlein meiner Erfahrungen werfen lassen“.

„Bitte, Hugo“, flehte ich, „ich weiß, dein Schatzkästlein ist wohl gefüllt, aber.....“

Hugo hob verächtlich die Schultern.

„Das ist typisch für die Jugend von heute. Lauter Ignoranten, dabei aber großkotzig bis zum geht-nicht-mehr. Pha!“

Er wandte sich mitleidig ab und wollte gehen.

Das konnte ich nicht auf mir sitzen lassen. Er hatte ja so Recht! War er doch immerhin drei Monate älter als ich und hatte demzufolge manche Erfahrung mehr in seinem Schatzkästlein verwahrt. Und ist es nicht der ewige Fehler der Jugend, der sich von Generation zu Generation wiederholt, dass sie nämlich die Erfahrung des Alters missachtet?

„Du hast Recht“, gestand ich zerknirscht.

„Ich wäre dir dankbar, wenn du dein Schatzkästlein für mich öffnen würdest“.

So leise ich das auch geflüstert hatte - Hugo erfreut sich eines ausgezeichneten Gehörs und ist leider überhaupt nicht nachtragend.

Sofort wandte er sich mir wieder zu.

„Komm“, befahl er, „wir laden dein Zeug da ein und setzen uns in die Cafeteria. Du wirst staunen, durch welche Tricks man in einem Supermarkt schnell voran kommt“.

Ich ergab mich in mein Schicksal. Auf einen Tag mehr oder weniger kam es jetzt auch nicht mehr an.

Zehn Minuten später saßen wir uns bei einer Tasse Kaffee gegenüber.

„Also“, begann Hugo, „zunächst brauchst du eine Liste der Sachen, die du einkaufen willst“.

„Die habe ich“, bemerkte ich stolz und zog die Rolle hervor.

Er winkte ab.

„Steck sie wieder ein - die ist sowieso falsch!“

„Was? Aber meine Frau.....“

„Unterbrich mich nicht!“, befahl Hugo streng.

Widerwillig schob ich meine Liste wieder in die Tasche zurück.

„Also, die Liste Numero 1“, dozierte Hugo weiter, und unterband mit einem drohenden Blick meinen Einwand.

„Wenn du also die Liste 1, auch formlose Liste genannt, zusammen gestellt hast, suchst du nach jemandem, der höchstens einen Tag vorher in diesem Supermarkt eingekauft hat. Ideal wäre natürlich der gleiche Tag. Da du aber spätestens eine Stunde vor Marktöffnung am Eingang stehen musst, ist das natürlich schlecht möglich“.

„Allerdings!“, bemerkte ich spitz.

Hugo ließ sich nicht beirren.

„Wenn du nun diese Person gefunden hast lässt du dir genau beschreiben, wo die Dinge zu finden sind, die auf deiner Liste stehen. Na, und genau in der Reihenfolge, in der man an ihnen vorbei kommt, schreibst du sie noch einmal auf. Das ergibt dann Liste Numero 2, auch endgültige Liste genannt.“

„Und dann kann's losgehen“, vermutete ich hoffnungsvoll.

Hugo seufzte ergeben.

„Aber nein! Als Nächstes suchst du dir einen Shopping-Partner“.

„Einen was?“

„Shopping-Partner! Wichtigste Regel: geh' nie alleine in einen Supermarkt!“

„Wieso?“

„Zweite Regel: lass dich nicht von Sonderangeboten verleiten. Sie sind nur dazu da, dir das Geld aus der Tasche zu locken“.

„Aha“.

„So - gehen wir!“

„Wohin?“

„Na, in den Markt natürlich. Den Rest muss ich dir in der Praxis erklären“.

„Aber da war ich doch eben! Hugo, bitte, ich brauche wirklich nichts mehr!“

„Was du heute kannst besorgen“, belehrte mich Hugo, „brauchst du beim nächsten Mal nicht mehr einzukaufen. Deine Frau wird dir dankbar sein.“

Mir verschlug es ob dieser unbezwinglichen Logik die Sprache. Und so betrat ich bald darauf mit meinem Shopping-Partner, einen leeren Einkaufswagen vor mir her schiebend, abermals den Supermarkt.

Hugos Schatzkästlein war noch immer geöffnet.

„Also“, sprach er, kaum dass wir den Eingang passiert hatten.

„Du stellst dich mit dem Wagen gleich bei der Kasse an. Gib mir die Liste“.

Ein heller Blitz erleuchtete meine geistige Umnachtung!

„Ach - deshalb soll man nie alleine......tatsächlich, die Idee ist wirklich genial!“

Hugo tätschelte mir freundlich die Wange.

„Da siehst du wieder - es geht eben nichts über einen guten Sumashoppa!“

Wieder etwas Neues. Was um alles in der Welt war ein Sumashoppa?

Während ich noch darüber nachgrübelte, ob es sich dabei um einen entfernten Verwandten Montezumas handeln könnte, enteilte Hugo gewichtigen Schrittes.

Erst nach einer ganzen Weile kam ich darauf, dass das Wort „Sumashoppa“ vielleicht die Abkürzung für „Supermarkt-Shopping-Partner“ sein könnte.

Die kürzeste der Schlangen vor den Kassen war etwa drei Kilometer lang, und ich stellte mich da an. Zu meiner Linken hatte ich das Regal mit den Büstenhaltern. Auf der anderen Seite des Ganges erfreute die Schönheit von Rasierklingen und Unterhosen meinen Blick (nach den unergründlichen Regeln des Marketings waren Unterhosen und Rasierklingen speziell durch eine eingefügte Reihe Buttergebackenes voneinander getrennt).

Da meine Schlange sich nicht vorwärts bewegte stand auch ich und begann, mich zu langweilen.

Ab und zu keuchte Hugo heran und warf Arme voll Waren in den Einkaufswagen.

Überhaupt herrschte um mich herum reger Betrieb. Hausfrauen und -männer donnerten in vollem Galopp hinter ihren Wagen an unserer Reihe vorbei, vor den Wühltischen tobte die Schlacht.

An einer Stelle, an der mehrere Gänge sich kreuzten, trafen ein paar alte Mütterchen zusammen, erkannten sich als alte Schulkameradinnen, die sich seit gestern nicht mehr gesehen hatten, vergaßen, dass ein Supermarkt kein Tante-Emma-Laden ist und blieben todesmutig, einen Haufen bildend, mitten auf der Kreuzung stehen. Ob dieser Verstopfung bildete sich um sie herum sofort ein wildes Knäuel, in das immer wieder neue Kunden mit voller Geschwindigkeit hinein stießen, da sie nicht mehr rechtzeitig bremsen konnten.

Wären Einkaufswagen mit Hupen ausgerüstet, so hätte ein wüstes Hupkonzert die interessante Debatte der alten Damen über die jüngste überlebten Krankheiten bestimmt erbarmungslos übertönt.

Mein Blick wanderte weiter, und ich entdeckte Hugo, der ein Regal mit Salzgebäck erklommen hatte und sich bäuchlings über Päckchen mit Salzstangen, kleinen Brezelchen und ähnlichem in Richtung Waschmittelsonderangebot vorarbeitete.

Ich wandte mich wieder meinem Vordermann zu, der mir gerade seine Lebensgeschichte erzählte und bereits bei 1920 angelangt war. Leider wurden wir immer wieder unterbrochen, da sich in unregelmäßigen Abständen Kunden mittels Hechtsprung über unsere Wagen warfen, um an die Rasierklingen zu gelangen.

Dank meines weißen Staubmantels, der an die gleichfarbigen Kittel der Supermarktbediensteten erinnerte, konnte ich einigermaßen Ordnung halten.

Schließlich wurde es mir aber zu bunt, und ich begann, mit vollen Händen Rasierklingenpäckchen unter die gierige Menge zu verteilen.

„Nehmen sie ruhig, kostet nichts heute. Kostenloses Werbegeschenk! Hier, bitte sehr! Sie auch, gnä' Frau? Wie, sie rasieren sich nicht? Und ihr Mann? Ach so - nicht verheiratet. Aber es kostet doch nichts! Na, sehen sie!“

Endlich war das Regal leer und wir hatten Ruhe.

Dafür bewegten wir uns in der Schlange plötzlich überraschend schnell in Richtung Kasse. Mein Vordermann - jetzt bei 1940 angelangt, was absehen ließ, dass er in diesem Zeitraum sehr lange verweilen würde - hatte den Geheimtipp „kostenlose Rasierklingen - da hinten gibt's was umsonst!“ - nämlich als Flüsterpropaganda nach vorne weiter gegeben. Und nun scherten immer wieder Kunden aus unserer Reihe aus, um sich die Rasierklingen ja nicht entgehen zulassen.

Entsprechend rasch strebten wir auf die Kasse zu.

Hugo, der mittlerweile einen zweiten Wagen aufgetrieben und gefüllt hatte, machte mir schwere Vorwürfe!

„Das geht viel zu schnell! Du stehst doch erst drei Stunden, und da vorne ist schon das Kassenhäuschen zu sehen! Ich kann gar nicht alle Sonderangebote wahrnehmen! Und irgendwo soll's hier auch noch kostenlos Rasierklingen geben!“

„Die sind alle“, bemerkte ich trocken.

„Und überhaupt - Sonderangebote! Du selbst hast doch gesagt......“

Er unterbrach mich unwirsch: „so günstig kriegst du das alles nie wieder! Deine Frau wird dir dankbar sein!“

Oh Gott - meine Frau!

Während Hugo sich erneut ins Getümmel stürzte unterzog ich den Inhalt der beiden Einkaufswagen einer kritischen Überprüfung.

Oh ja: etwa ein Zehntel davon hatte auf der Liste meiner Gattin gestanden. Nun hatte ich es im Wagen - und das bereits zum zweiten Mal.

Der Rest - nun, mein Sumashoppa hatte kein Sonderangebot ausgelassen!

Es kann von mir aus jemand meine Wohnung verwüsten, oder mein Auto mit dem Schmiedehammer zerlegen - ich bin ein seelenruhiger Mensch und rege mich da nicht weiter auf, so lange derjenige einen guten Grund für sein Tun angeben kann.

Wenn aber jemand versucht, mir meine eigene Frau auf den Hals zu hetzen, schlage ich aus reiner Notwehr um mich wie ein in die Enge getriebenes Tier!

Es wurde Zeit, etwas zu unternehmen!

Als Hugo wieder einmal auftauchte hielt ich ihn mit Brachialgewalt fest, denn nun wurde es eng. Wir waren mit unseren Wagen bereits in den engen Schlauch zwischen Bonbon- und Zigarettenregalen eingedrungen, ein untrügliches Zeichen dafür, dass wir uns auf den letzten Metern vor der Kasse befanden. Ich schaffte es gerade noch, mich vor unseren beiden Wagen zu platzieren. Bei diesem anstrengenden Tun geriet ich ins Schwitzen, zog meinen weißen Mantel aus und reichte ihn Hugo zurück.

„Sei so gut, zieh' ihn für einen Moment über. Dann kann ich schneller aus- und wieder einladen“.

Hugo hob anerkennend die Augenbrauen.

„Bravo! Ich sehe, die Samenkörner aus meinem Schatzkästlein sind auf fruchtbaren Boden gefallen!“

„Ohne Zweifel“, stimmte ich zerstreut zu und vergewisserte mich noch einmal, dass es weder mir noch Hugo möglich war, wieder in den Markt zurück zu kehren.

Wir waren herrlich eingekeilt!

„Mein Herr?“, rief die Frau an Kasse 7 drohend, als ich sie passieren wollte.

Ich wies auf Hugo: „wir gehören zusammen. Er zahlt!“

„Ach so“,, beruhigte sie sich und wandte sich unseren Einkäufen zu.

Jetzt hielt ich den Zeitpunkt für gekommen, mich ohne Abschied zu empfehlen.

Hugo schrie mir etwas nach, aber ich konnte es nicht verstehen, denn an den Kassen Nummer 8 und 6 gab es einen Tumult!

„Ich sage ihnen doch: ich habe 40 Päckchen Rasierklingen, und die dürfen sie nicht berechnen", erregte sich eine dicke Dame an Kasse Nummer 8.

„Die kosten doch heute nichts!"

„Wie kommen sie denn darauf?", fragte die Kassiererin unwillig.

„Das müsste ich doch zuallererst wissen!"

„Aber einer von ihren Leuten, vom Personal, hat sie doch verteilt und gesagt, dass sie nichts kosten. Da! Da drüben steht er ja. An Kasse 7! Der in dem weißen Kittel!"

Ich beeilte mich, durch die Tür zu kommen. Der Mantel war eh nichts mehr wert.

Wie man sich wegen ein paar Rasierklingen nur so aufregen konnte!

PROST POST

Große Dinge scheitern oft an Kleinigkeiten.

Das Bedürfnis mag noch so dringend sein - wer vor der öffentlichen Toilette kein Kleingeld hat muss die Katastrophe in Kauf nehmen, nur Zentimeter vom rettenden Ziel entfernt! Auch der Einsatz roher Gewalt rechnet sich nicht, denn bis man der obligatorischen Aufsichtsperson erklärt hat, warum die Tür nur noch aus neckischen Puzzleteilen besteht...nun ja.

So erging es auch mir.

Der notwendige Brief an meine kurlaubende Gattin, an die mich jede Falte meines grauen weißen Hemdes schmerzlich erinnerte, war vollbracht und vorschriftsmäßig im adressierten Umschlag verpackt.

Und nun fehlte die Briefmarke!

Im ganzen Haus, einschließlich der unzuverlässigen und immer so grämlichen Nachbarn, war keine aufzutreiben.

Seit Menschengedenken erhält man Briefmarken bei der Post. Das wusste schon Adam, als er seinen ersten Liebesbrief an Eva auf einem Feigenblatt verfasste - und also sollte ich mich wohl oder übel zu dieser hochwohllöblichen Institution begeben.

Für das Absenden der Post ist gemeinhin meine bessere Hälfte zuständig. Das Verfahren ist da sehr einfach: ich lege den fertigen Brief auf den Küchentisch, und am nächsten Abend ist er spurlos verschwunden. Und anhand der irgendwann eintreffenden Antwort kann ich dann erkennen, dass das Schreiben auf mysteriösen Wegen sein Ziel erreicht hat.

Aus alter Gewohnheit erlag ich deshalb auch jetzt zunächst für einen Moment der Versuchung, den Brief bis zur Rückkehr meiner Gattin in der Küche zu deponieren. Dann fiel mir jedoch ein, dass ich sie um sofortige Auskunft gebeten hatte, wo denn die Ersatzrollen des Toilettenpapiers zu finden waren.

Und diese Auskunft brauchte ich auf jeden Fall vor ihrer Rückkehr in drei Wochen!

Also zog ich mich an, schaltete den Fernseher aus und machte mich auf den Weg.

Zehn Jahre war ich nicht mehr in unserem Postamt gewesen - doch Dank meines phänomenalen Ortsgedächtnisses erreichte ich es nach nur drei Irrwegen bereits nach gut zwei Stunden. In Anbetracht der Tatsache, dass das Postamt immerhin zwei Kilometer Luftlinie von unserer Wohnung entfernt liegt, eine ganz ordentliche Leistung, wie ich fand.

Es verwirrte mich allerdings etwas, dass im Erdgeschoß des Gebäudes jetzt Meeresfisch- und im Obergeschoß links Installationsbedarf - wie Rohre und so weiter - und rechts Zuchttauben verkauft wurden.

Doch letztendlich muss sich auch die Post den modernen Zeiten anpassen, und wenn mittlerweile Tankstellen auch Käse verkaufen - warum sollte die Post sich dann nicht intensiver den Geschäftszweigen Flaschenpost, Rohrpost und Brieftauben widmen?

Allerdings konnte ich auch bei intensivsten Bemühungen keinen Eingang für die normale Briefpost entdecken.

In solchen Fällen wendet man sich an die vielen immer hilfsbereiten und freundlichen Mitbürger, von denen ein ununterbrochener Strom an mir vorüber eilte.

Leider hat heute niemand mehr die Zeit, um hilfsbereit zu sein. Alles wird im Laufschritt erledigt, denn „time is Money, okay"?

Auskünfte erhält man jedoch trotzdem.

Vorwärts eilend und nach hinten sprechend erhielt ich zunächst in detaillierter Form die Mitteilung, dass der nette, schnauzbärtige, kugelige Herr nix seien von da und auch in Türkei es nix geben Ort wo heißen Post. In gleicher Form wurde mein Wissen dahin gehend erweitert, dass auch in Belutschistan, Katmandu und Abessinien keine Siedlung entsprechenden Namens existiere.

„Aber", fügte der sympathische Abessinier im Sauseschritt weiter hastend hinzu, „du fragen Mann da hinten. Der immer weißen alles!"

Erfreut wandte ich mich um....

Und erstarrte!

Der da vor mir stand war unzweifelhaft ein Deutscher.

Aber was für einer!

„He, Thom", grölte Hugo, und nur meine blitzschnelle, durch jahrelange Übung zu Spitzenleistungen fähige Reaktion rettete mein Schlüsselbein vor einem Trümmerbruch.

„Du stehst ja hier rum wie bestellt und nicht abgeholt! Suchst du was?"

Ich stammelte etwas von Post und Briefmarken, und machte den lächerlichen Versuch, Eile wegen dringender Termine vorzutäuschen. Hugo vereitelte eventuelle Fluchtversuche souverän mit Hilfe meines Jackenzipfels in seiner eisernen Faust.

Aber er nickte verständnisvoll.

Hugo ist immer verständnisvoll seinen Mitmenschen gegenüber, die sich, wie ich, in den Wirren der modernen Zeit nicht zurecht finden - denn Hugo findet sich zurecht.

Er weißen eben immer alles!

„Und was suchst du dann beim Fischgeschäft?", wollte er nun wissen.

„Aber da war doch immer die Post....?"

Hugo schüttelte mitleidig „tz,tz,tz" den Kopf.

„Das darf ja wohl nicht wahr sein! Typisch Künstler, der irgendwo in höheren Regionen schwebt und den Bezug zur Realität völlig verloren hat. Du verläufst dich nochmal in deiner eigenen Toilette! Mensch, die Post ist seit Jahren privatisiert! Endlich sind die Beamten weg mit ihrer starren Förmlichkeit und dem lachhaften Getue um Diskretion und sonstigem Kinderkram! Wenn du heute 'ne Briefmarke kaufen willst musst du zum Schluck gehen!“

Ich runzelte die Stirn.

„Schluck? Aber das ist doch ein Getränkemarkt! Ich brauch' aber gar kein Bier, ich brauch' nur....“

„ 'ne Briefmarke, ich weiß“, dröhnte Hugo.

„Das läuft jetzt alles in Personalunion bei Schluck. Rationalisierung, betriebswirtschaftliches Denken, Kostendämpfung, verstehst du?“

Er seufzte mitleidig.

„Nein, jemand wie du versteht das natürlich nicht. Was die blöden Beamten bislang nach einer teuren und völlig überflüssigen Ausbildung gemacht haben erledigt der

Schluck-Mitarbeiter jetzt nebenher mit links! Komm mit, ich muss auch da hin, ein bisschen Geld abheben und was überweisen“.

Man kann Erdbeben, Feuersbrünsten und Flugzeugabstürzen mit ein bisschen Glück entgehen. Nicht aber Hugo. Seine Hilfsbereitschaft ist einmalig und unübertroffen.

Und gnadenlos!

Und so folgte ich ihm ergeben. Gelegentliches Zögern vereitelte meine Jacke, dessen unteres rechtes Ende sich noch immer in Hugos Faust befand.

Bei Schluck angekommen ergriff Hugo energisch die Türklinke - und taumelte zurück, denn sie war ihm in der Hand geblieben.

Doch derart unerhebliche Kleinigkeiten vermögen Hugo selbstverständlich nicht aus dem Konzept zu bringen.

„Natürlich gibt es noch ein paar Anfangsschwierigkeiten", erklärte er.

„Die Klinke ist seit fünf Jahren defekt. Kleiner Kompetenzstreit, verstehst du? Schluck behauptet, dass den Schaden ein Postkunde verursacht habe. Und die Post-AG schwört, es sei ein Schluck-Kunde gewesen. Na ja, die ersten Instanzen haben nichts gebracht. Aber wie man hört soll das Oberlandesgericht demnächst endgültig entscheiden".

Ich konnte nicht umhin, eine gewisse ehrfurchtsvolle Bewunderung ob unserer exakten, unabhängigen und nur dem Gesetz verpflichteten Rechtsprechung zu empfinden, die doch immerhin bewirkt, dass scheinbar bereits nach kürzester Zeit ein unumstößliches Urteil betreffs der Türklinke zu erwarten war!

Hugo stieß die Tür mit dem Fuß auf und scharrte die Splitter der dabei zu Bruch gegangenen Butzenscheibe verächtlich zur Seite.

„So, da wären wir!"

Beim Anblick der schier endlosen, mit Getränkekisten beladenen Regale spürte ich meinen Mund plötzlich trocken werden und hatte ein Bedürfnis nach Flüssigkeit, das man durchaus als Höllenbrand hätte bezeichnen können.

Riesige Plakate belehrten mich über die derzeit gültigen Preise, und ich beeilte mich, meinen geistigen Horizont um diese äußerst wertvollen Informationen zu erweitern.

Die Flasche Export kostete zum Beispiel 1,20 Euro + 20. Die Flasche Cola dagegen

0,80 € + 30. Eine äußerst verdächtig aussehende, undefinierbare lila Flüssigkeit mit dem mysteriösen Namen „Lila Jodler" hinwiederum 1,80 € + 6o.

Während ich noch ergebnislos über die unterschiedlichen Pfandpreise für gleich große Flaschen nachgrübelte unterbrach

Hugo abrupt mein weiteres Studium, indem er mich hinter einer langen Menschenschlange zum Halten brachte.

„So. Da vorne ist die Post".

„Wo?"

„Na, da!"

Die Natur hat mich glücklicherweise mit adlerscharfen Augen gesegnet, und so entdeckte ich auch ohne Feldstecher in weiter Ferne ein dunkles Loch mit einem großen Schild darüber, auf dem in korrektem Deutsch „Post-Office" zu lesen stand. Darunter war schemenhaft ein einsames Lämpchen zwischen zwei spanischen Wänden zu erkennen, das auf einem hölzernen Tischchen stand. Hinter diesem thronte eine massige, buddahähnliche Figur.

Die nächsten drei Stunden verbrachte ich mit der höchst lehrreichen Weiterbildung im Bereich Getränke, sowie deren Flaschen-, Kisten- und Pfandpreisen. Dabei stellte ich nebenbei fest, dass es doch recht clevere Zeitgenossen in unserer Schlange gab, die die Wartezeit mit dem Verzehr des mitgebrachten Vesperbrotes oder der Fortsetzung einer begonnenen Romanlektüre ausfüllten.

Nur Getränke hatte keiner mitgebracht!

Immerhin - wir kamen dem Postverschlag doch beharrlich Millimeter um Millimeter näher, und das war tröstlich.

Endlich und völlig unerwartet stand ich plötzlich vor dem begehrten Tisch.

In dem Buddha erkannte ich nun auch die ältliche, nach allen Seiten breit gewachsene langjährige Angestellte des Getränkemarktes, die mir sonst immer die Bierkisten in den Kofferraum meines Wagens hievte.

Bei einem hochintelligenten Menschen wie mir liegen die Stärken eben mehr auf geistigem Gebiet.

„Ja?“, brummte sie, ohne mich anzusehen.

Das war durchaus zu verstehen, denn sie hätte ansonsten das Studium der Schlagzeilen einer neben ihr liegenden Illustrierten unterbrechen müssen.

Ich zog meinen Brief hervor.

„Ich möchte den hier aufgeben“.

Nun riskierte sie doch einen Blick.

Aber schon das genügte der routinierten Postbediensteten, um mich auf einen elementaren Fehler aufmerksam zu machen.

(Anmerkung: die im pfälzischen Dialekt geführten Teile des folgenden Dialogs sind für Nichtpfälzer ins Hochdeutsche transferiert - Anmerkung des Autors)

„Do isch kä Briefmark druff!“ (Da ist keine Briefmarke drauf).

„Ja...eben...deswegen....“, stotterte ich, verblüfft ob dieser messerscharfen Analyse.

„Misse mer halt äni druffbabbe“ (müssen wir halt eine drauf kleben) bellte sie und bückte sich ächzend, um unter dem Tisch aus einer Pappschachtel eine Marke zu entnehmen.

Dann fuhr sie eine gar nicht mehr enden wollenden, gräulichblau belegten Zunge aus - die Farbe wies zweifellos auf den lila Jodler hin - beleckte die Rückseite der Marke genüsslich und mit hörbarem Schmatzen und drückte das Wertobjekt auf den Umschlag. Ein donnernder Faustschlag beendete das löbliche Werk und vereitelte jeden eventuellen Fluchtversuch des kleinen, gezähnten Papierquadrates.

„Des mach dann ens zeh!“ (Das macht dann 1,10).

Ich stutzte.

„Moment mal - ein Brief kostet doch 70 Cent - oder?“

Sie warf einen Blick auf die Marke.

„Schunn - awer des muss e Pandmark sei. Siwwezich und färzich Cent Pand. Wann se di Briefmark ugschdembelt zurick bringen griechen se färzich Cent raus!“ (Schon - aber das muss eine Pfandmarke sein. Siebzig und vierzig Cent Pfand. Wenn sie die Briefmarke ungestempelt zurück bringen bekommen sie 40 Cent heraus).

Eine Briefmarke mit Pfand!

Ich war tief beeindruckt, dass der hehre Gedanke des Recyclings jetzt auch schon vor Briefmarken nicht mehr Halt machte.

Allerdings stand ich dabei vor dem Problem, wie ich die Marke ungestempelt zurück bringen sollte, wo sie es doch überhaupt erst ermöglichte, dass der Brief meine Frau erreichte. Und in jungfräulichem Zustand würde sie das auf keinen Fall überstehen. Doch selbst wenn: wie sollte die Marke nach einem solchen Fausthieb wieder vom Umschlag gelöst werden können?

Hilfesuchend sah ich mich nach Hugo um.

Doch der war gerade zwischen himmelhohen Bierkistenstapeln untergetaucht.

Dafür mischte sich jetzt der Herr hinter mir ein.

„Entschuldigung - aber bei Briefmarken gibt's kein Pfand. Sie haben dem Herrn eine Zuschlagsmarke verkauft!"

„Was?".

Die Maschine vor mir spie Gift und Galle.

„Kä Pand? Des wer ich doch wohl besser wisse! Wer schaffd'n do bei de Poschd - sie odder ich? Do herkumme, kä Ahnung hawwe, awwer s'Maul uffreiße - des hemmer gern!"

(Kein Pfand? Das werde ich doch wohl besser wissen! Wer arbeitet denn hier bei der Post - sie oder ich? Da her kommen, keine Ahnung haben, aber das Maul aufreißen - das haben wir gerne!)

Sie wies mit einem wurstähnlichen Finger auf die Marke.

„Do schdeds doch - guggen se norre druff!"

(Da steht es doch - schauen sie nur drauf!)

Ich warf einen Blick auf das kleine Bildchen mit den Sägezähnchen.

Tatsächlich: klar und deutlich stand da zu lesen „0,70 + 40".

„Sähnen ses?", (sehen sie es) triumphierte der Drache.

„Un zugschlache häw ich schun. Die babbt!" (Und zugeschlagen habe ich schon. Die klebt!)

„Awwer des hemmer glei - warden se mol" (Aber das haben wir gleich. Warten sie mal)

Sie reckte den Kopf, soweit der kaum vorhandene Hals es zuließ, und erhob ihre Stimme zum kreischenden Diskant.

„He, Guschd! Der Mann do will kä Pand bezahle!“ (He, Gust, der Mann hier will kein Pfand bezahlen).

Weit hinter einem Meer von Getränkekisten antwortete eine Männerstimme:

„dann nemm sem hald widder ab!“ (dann nimm sie ihm halt wieder ab).

„Abnämme - ja wie dann?“, (abnehmen - ja wie denn) grollte das weibliche Wesen.

„Wann so doch schun babbt! Also zahlen se jedzd odder net?“ (Wenn sie doch schon klebt! Also zahlen sie jetzt oder nicht?)“Ich...“ begann ich, wurde aber von dem Herrn hinter mir unterbrochen, der sich abermals einmischte.

„Das wird er nicht tun. Er wollte nur eine Briefmarke zu 70 Cent!“

„Zahld ned - so“ (zahlt nicht - so) brummelte sie.

„Was machen mer do? Muss ich hald de Chef arufe“, (was machen wir da? Muss ich eben den Chef anrufen).

Während sie zum Telefon griff warf ich einen bewundernden Blick auf die Menschen in der Reihe hinter mir. Es ist wirklich erstaunlich, wie Duldsamkeit und Resignation vor den täglichen Schwierigkeiten des Lebens die menschliche Improvisationsgabe zu Höchstleistungen anspornen!

Da wurden Picknickkörbe ausgepackt, Schlafsäcke aufgeschüttelt, und aus Getränkekisten in eleganter Zusammenstellung entstanden schmucke Schlafstätten für die Kleinen.

Vor mir schmiss die freundliche Mitarbeiterin der Post-AG den Hörer auf die Gabel.

„De Chef hod vier Woche Urlaub. Losse mer de Brief halt so lang liche bis er widder do isch. So eilich werds jo ned sei. Dann kenne mers kläre!“ (Der Chef hat vier Wochen Urlaub. Lassen wir den Brief halt so lange liegen bis er wieder da ist. So eilig wird es ja nicht sein. Dann können wir es klären).

So lange konnte ich nun auf keinen Fall warten, schon des Engpasses auf dem Toilettenpapiersektor wegen, und so beendete ich die Diskussion gegen den erbitterten Widerstand des lästigen Rechthabers hinter mir, indem ich blutenden Herzens 40 Cent Pfand für die Briefmarke bezahlte.

Ich würde beides nicht wiedersehen!

Die Lösung dieses so unverhofft aufgetauchten Problems hatte die Post-Dame, die eigentlich doch eher wie eine Schluck-Dame aussah, offensichtlich so erschöpft, dass sie eine Pause einzulegen beschloss. Mit den Worten „ich muss jedzd veschbere (ich muss jetzt vespern)“ wuchtete sie sich von ihrem Hocker hoch.

Die Menschenmenge geriet ins Taumeln, da jeder durch achtungsvolles Zurückweichen darum bemüht war, der Gefahr des Platt-Gewalzt-Werdens zu entgehen.

Dann verschwand die Schluck-Post-Angestellt in den unergründlichen Tiefen des Getränkekistenlabyrints.

Prompt tauchte nun auch Hugo wieder auf, in der Hand eine offene Bierflasche und leicht schwankend, wie mir schien.

„Da hinten gibt's Pröbchen“, verkündete er, und wollte anschließend wissen, ob ich meinen Briefmarkenkauf erfolgreich abgeschlossen hätte.

Eine Antwort meinerseits erübrigte sich, da mir der lästige Besserwisser diese Mühe abnahm und Hugo ausführlich und empört darlegte, dass ich nicht einmal in der Lage sei, eine Zuschlags- von einer Pfandmarke zu unterscheiden!

„Das - hups - wundert mich nicht“, versetzte Hugo.

„Der ist irgendwie im vorigen Jahrhundert stecken geblieben. Was will er denn mit einer Pfandmarke? Wir sind doch hier nicht auf einem Volksfest! Man kann ihn einfach keine Sekunde aus den Augen lassen - er ist so hilflos wie ein Kleinkind - hups!“

Meine berechtigte Empörung erstickte er im Keim, indem er mich aus der Reihe drängte, um meinen Platz einzunehmen. Schwache Proteste der hinter mir Stehenden wischte er mit einem lässig hingeworfenen „wir gehören zusammen“ vom Tisch.

„Du kannst einfach nicht mit Menschen umgehen“, stellte er fest.

„Warte mal, bis die wiederkommt. Mit der - hups - werde ich schon fertig! Da - hups - kannst du noch was lernen!“

Beschämt sank ich in mich zusammen. Wieder einmal hatte er ja völlig Recht! Derartige Dinge passieren stets nur mir - und es konnte einfach nur daran liegen, dass ich nicht fähig war, sachlich und emotionslos mit meinen Mitmenschen umzugehen! Wie beneidete ich Hugo, der mit eleganter Souveränität solche Probleme bereits im Ansatz erkannte und mit unnachahmlicher Bravour umsegelte!

Dank der bekannten Servicefreundlichkeit der Post-AG brauchten wir auf die Wiederinbetriebnahme des Postverkehrs nicht lange zu warten.

Allerdings - und das muss unbedingt lobend hervorgehoben werden - schien die bewusste Dame ein unerhörtes Feingefühl für den sozialen Aspekt zu besitzen, denn sie tauchte erst nach einer Stunde wieder auf, hatte also augenscheinlich abgewartet, bis die Kleinen in die Kisten gebracht und zugedeckt worden waren, ihre Gute-Nacht-Geschichte gehört- und ihr Gebet gesprochen hatten. Die Zeit dazwischen hatte sie geschickt genutzt, um den Getränkeverkauf anzukurbeln.

Nun watschelte sie anmutig in ihren Verschlag zurück und ließ sich elegant auf den Hocker plumpsen.

Das Post-Office war wieder in Betrieb!

„Un?“, (Und) schmetterte sie Hugo freundlich entgegen.

Mein Freund legte zunächst sein Sparbuch vor und bat um hundert Euro.

„Dann hänn se awwer bloß noch elfdausenfünfhunnerd druff!“ (dann haben sie aber nur noch elftausendfünfhundert drauf) informierte ihn die fürsorgliche Schluck-Post-Frau.

„Ich weiß“, nickte Hugo, und ich bewunderte die gelassene Ruhe, mit der er das aufgeregte Tuscheln, das die Reihe hinter uns entlang lief, überhörte.

„...ganz schön was angesammelt...!“

„...ist doch seit Jahren arbeitslos! Woher...“

„...hat mir der Meier erzählt. Na, der vom Autohaus. Dem zahlt er einfach die Rechnungen nicht. Soll schon ein fünfstelliger Betrag sein. Kein Wunder, dass...“

„Und dann“, fuhr Hugo mit leicht erhöhter Stimme fort, „habe ich da noch zwei Überweisungen“.

Frau Schluck-Post nahm die Formulare entgegen, warf einen Blick darauf - und strahlte plötzlich über das ganze Gesicht.

„Ach - sie sinn des!“ (Ach - sie sind das!)

Diese Äußerung veranlasste zunächst Hugos Schluckauf, sich ohne Abschied zu empfehlen.

„Wieso - was meinen sie damit?“

Und täuschte ich mich - oder war in Hugos Stimme wirklich eine mikroskopisch kleine Spur von Unsicherheit zu erkennen?

Sofort rief ich mich zur Ordnung. Da war wohl der Wunsch der Vater des Gedankens. Wie erbärmlich von mir!

Die freundliche Dame gegenüber interessierte das weniger.

„He, Guschd!“, plärrte sie los.

„Der iwwerweist an die Fraa Hiller in B. Jedzd wissen mer endlich, wuher die ehr Alimende kriecht. Kumm doch emol her, dass denn ach siehschd!“ (Der überweist an die Frau Hiller in B.

Jetzt wissen wir endlich, woher die ihre Alimente bekommt. Komm doch mal her, damit du den auch siehst!)

„Un e Iwwerweisung an die Erodig-Bar in Monnem hod er aa debei. He, der muss ganz schää gebecherd hawwe! Achdhunnerdsechsesiwwezich Euro un sechseachzich Cent. Mein liewer Alder....!" (Und eine Überweisung an die Erotik-Bar in Mannheim hat er auch dabei. He, der muss ganz schön gebechert haben: achthundertsechsundsiebzig Euro und sechsundachzig Cent. Mein lieber Alter...!"

„Hören sie, gute Frau..." versuchte es Hugo mit der unvergleichlichen Ruhe und Gelassenheit eines Weltmannes.

„Was erlauben sie sich? Die Überweisungen erledige ich für einen Bekannten. Keine Ahnung, um was es da geht....!"

Ich rieb mir die Augen, denn scheinbar litt ich heute an Halluzinationen! Es war lachhaft - aber ich konnte mich des Eindrucks einfach nicht erwehren, dass Hugos Ohren plötzlich tief dunkelrot leuchteten!

„So?", trompetete der Schluck-Post-Drache.

„Un des vun ehrm Kondo un mit ehrm Name? Un unnerschriwwe hän se aach!" (So? und das von ihrem Konto und mit ihrem Namen? Und unterschrieben haben sie auch!)

„Ja...schon...aber..."

„Heren se uff, des kennen mer schun. Saubardel, ehr! Dem arme Fliddsche e Kind ahänge un dann noch Monnem niwwer mache in die Sex-Bar! Pfui Deiwel!" (Hören sie auf, das kennen wir schon. Saubartel, sie. Dem armen Flittchen ein Kind anhängen und dann nach Mannheim rübermachen in die Sex-Bar. Pfui Teufel!)

In der Reihe hinter mir erhob sich empörtes Gemurmel, die Menge nahm eine drohende Haltung an.

Dezent drückte ich mich in eine Lücke zwischen zwei Regalen. Einer Stampede sollte man tunlichst aus dem Wege gehen!

Hugo holte tief Luft, und ich rieb mir in heimlicher Vorfreude die Hände. Nun würde er diese Megäre mit einigen wohl gesetzten Worten niederschmettern, vernichten!

In der Luft zerreißen würde er sie!

Erwartungsvoll hielt ich den Atem an.

Aber da griff die Frau Schluck-Post hinter sich, brachte ein ziemlich umfangreiches Paket zum Vorschein und knallte es vor Hugo auf den Tisch.

„Un des do isch aa fer sie! Do wääs mer jo schun wus herkummt un wos hiegeht! Nemmen se ehrn Dregg norre glei mid!“ (Und das da ist auch für sie. Da weiß man ja schon, wo es herkommt und wo es hingeht. Nehmen sie ihren Dreck nur gleich mit!)

Aus meiner Deckung heraus konnte ich an dem Paket zunächst nichts Auffälliges feststellen. Außer dem Adresszettel war es neutral gehalten, ohne jeden Aufdruck.

Doch dann entdeckte ich an der Seite einen Aufkleber, den ein stets um die Kunden besorgter Mitarbeiter der Post-AG daran befestigt hatte. In riesigen Buchstaben war darauf zu lesen:

„ACHTUNG! INHALT AUFBLASBARE GESPIELIN AUS FLEISCHFARBIGEM VINYL! MIT NATÜRLICHEN KÖRPERÖFFNUNGEN! NICHT MIT SCHARFEN WERKZEUGEN ÖFFNEN! EIN PRODUKT DES BEATE-UHSE-VERSANDS! BITTE DISKRET BEHANDELN!“

Den Heimweg musste ich alleine antreten.

Hugo war so plötzlich verschwunden, dass ich mich zu fragen begann, ob er überhaupt und tatsächlich da gewesen war!

Auf jeden Fall aber hatte er wieder einmal Recht behalten. Seit die Post privatisiert ist und die sturen Beamten endlich abgeschafft sind, ist ein Besuch bei der Post entschieden reizvoller geworden!

REISERUF

„Macht 638 Euro und 32 Cent“, verkündet der Mechaniker und wischt sich die ölverschmierten Hände an einem ölverschmierten Lappen ab.

„Jetzt läuft er wieder wie geschmiert!“

Wahrscheinlich wird ihm irgendwann der Adelstitel verliehen werden. Als vorrausschauender Mann hat er sich vorsorglich bereits fürstliche Preise zugelegt!

Nach einem Blick auf die Rechnung gerate ich für einen Moment in Versuchung, ihm mein Auto zu schenken und dafür das Geld zu behalten.

„Material: 83, 20 €“, steht da.

„Arbeitszeit: 453,20 €“

Dazu kommt die Mehrwertsteuer in Höhe von 86,10 €.

Dummerweise müsste ich - würde ich der Versuchung nachgeben - zu Fuß gehen. Und was ich da alleine an Schuhsohlen bräuchte....!

Auf einen mahnenden Blick von Clemens hin klappe ich den Mund entschlossen wieder zu und zücke seufzend meinen geplagten Geldbeutel.

Er hat gut mahnende Blicke werfen, mein Freund Clemens. Es ist ja nicht sein Geld. Und dass wir es eilig haben weiß ich selbst.

Der Mechaniker entfernt sich, seine Frau kassiert erfreut das Geld, das ich eigentlich für etwas ganz Anderes mitgenommen habe, Clemens gibt sich betont unbeteiligt, und mir bleibt nur übrig, die Rechnung samt der nun fast leeren Geldbörse wieder einzustecken.

Eine viertel Stunde später sind wir auf der Autobahn, und ich beginne mich damit abzufinden, dass ich mich für den Rest des Monats mit Pellkartoffeln und Quark ernähren muss.

Clemens wirft einen Blick auf den Tacho:

„wenn wir das Tempo beibehalten können und es keinen größeren Stau gibt sind wir eine halbe Stunde vor dem vereinbarten Zeitpunkt in München".

Die Tachonadel zittert um die 140 km/h - Marke und ich nicke:

„na, das reicht ja dann noch. Mach mal ein bisschen Musik!"

Clemens beugt sich vor und fingert am Radio herum.

Eigentlich höre ich bei längeren Fahrten ja lieber CDs. Seit jedoch der Club der Geisterfahrer gegründet wurde und immer mehr Mitglieder aufweisen kann, lasse ich lieber das Radio laufen.

Man sollte ja immer wissen, was auf einen zukommt!

Während ich den Rhythmus der Musik am Lenkrad mit trommle muss ich daran denken, dass das Einhalten des heutigen Termins meine nähere Zukunft stark beeinflussen wird. Der Mann, der mein Buch verlegen will, hat zwischen Ankunft und Weiterflug in München genau eine halbe Stunde für mich Zeit. Und wenn wir uns einig werden brauche ich mir über meinen Kontostand in den nächsten Jahren keine Sorgen zu machen.

Hinter uns strapaziert ein BMW seine Lichthupe - er muss es sehr eilig haben. Als ich ihn vorbei lasse seufzt Clemens:

„so etwas müsste man haben!"

Ich denke an die eben bezahlte Rechnung und die daraus resultierende angespannte Verpflegungslage in meinem Haushalt - nämlich Pellkartoffeln und Quark für drei Wochen - sage aber nichts.

Im Radio bricht die Musik ab.

„Meine Damen und Herren, wir bitten um ihre Aufmerksamkeit für zwei Reiserufe: Herr Gustav Heinmüller, unterwegs im

Großraum Frankfurt mit einem dunkelgrünen Audi A 3, amtliches Kennzeichen unbekannt, wird gebeten, sofort zu Hause anzurufen. Ich wiederhole: Herr Gustav Heinmüller...."

„Was da wohl wieder dahinter steckt...?", sage ich zu Clemens und stecke mir eine Zigarette an.

„Vielleicht ist die Erbtante gestorben?", grinst mein Freund und folgt meinem Beispiel.

„„...WL 68 wird gebeten, sofort den nächsten Parkplatz anzufahren und die Radmuttern der Hinterräder fest zu ziehen. Wie uns die Werkstatt, aus der er seinen Wagen vor Kurzem abholte, mitgeteilt hat, wurde das Festziehen der Radmuttern versehentlich unterlassen. Ich wiederhole........."

„Was es alles gibt!", schüttelt Clemens den Kopf.

Irgendetwas bringt mich zum Grübeln. Warum nur kommt mir da Irgendetwas so bekannt vor?

„Pfusch wo man hinschaut....", beginnt Clemens erneut.

„Still mal!", fahre ich grob dazwischen und drehe das Radio lauter.

„„...unterwegs auf der A 8 in Fahrtrichtung München mit einem gelben Opel, amtliches Kennzeichen ....."

Die Nummer! Diese Autonummer......!

Mir wird plötzlich sehr sonderbar zu Mute, und ich spüre, wie meine Haare sich selbstständig machen und in die Höhe streben. Nur mit Mühe unterdrücke ich das irre Verlangen, mit aller Macht auf die Bremse zu treten, zu bremsen und nur noch zu bremsen, bis der Wagen steht.

Mein Gott - das sind ja wir!", erkennt Clemens in diesem Moment verblüfft.

Und dann verwandelt sich seine Verblüffung in Entsetzen.

„Halt an! Um Gottes Willen, halt an!"

Ich bin schon dabei, schalte die Warnblinkanlage ein, bremse vorsichtig ab und atme auf, als der Wagen auf dem Seitenstreifen schließlich zum Stehen kommt. Irgendwie ist mir der Gedanke unsympathisch, plötzlich von den eigenen Hinterrädern überholt zu werden!

Clemens hat sich erstaunlich schnell wieder gefasst.

„Eigentlich eine Frechheit, öffentlich bekannt zu geben, dass bei uns ein paar Schrauben locker sind!"

„Ha, ha!", mache ich grimmig und steige aus.

Als wir die Radkappen an den Hinterrädern entfernen fallen uns rechts drei - und links zwei der jeweils vier Radmuttern entgegen.

„Dies", stellt Clemens trocken fest, „ist gute deutsche Wertarbeit für 638 € und 32 Cent. Wozu braucht man auch für jedes Rad gleich vier Muttern? Eine ungeheure Verschwendung. Denn wie man sieht tun es zwei oder gar nur eine ja auch. Die Werkstatt sollte sich das patentieren lassen!"

Mit aller Gewalt ziehen wir die Muttern fest und überprüfen vorsichtshalber auch noch die der Vorderräder. Aber alles ist in Ordnung, und so fahren wir bald darauf weiter.

„Zehn Minuten haben wir verloren", konstatiert Clemens.

„Es reicht zeitlich aber immer noch".

Ich nicke nur geistesabwesend, denn ich bin gerade dabei mir zurecht zu legen, was ich dem Herrn Mechaniker erzählen werde, wenn wir wieder zu Hause sind.

Neben uns hupt es.

Was will denn der? Warum fährt er nicht vorbei?

„Was ist denn mit dem los?", wundert sich Clemens und deutet auf den Wagen, der auf der Überholspur die gleiche Geschwindigkeit mit uns hält. Der Fahrer und die Beifahrerin gestikulieren wie wild.

„Vielleicht brauchen sie Hilfe?"

„Keine Zeit!", wehre ich ab. Ich muss unbedingt meinen Verleger.....

Gleich darauf vergesse ich Verleger und Zeit, denn der Wagen neben uns wird jetzt schneller, fährt vorbei und schwenkt dann so unvermittelt auf unsere Spur herüber, dass ich alle Hände und Füße voll zu tun habe, um einen Crash zu vermeiden.

Er fährt auf den Seitenstreifen und hält - ich tue wutentbrannt das Gleiche. Verleger hin - Zeit her - der soll mich kennen lernen! Eine neue Werkstattrechnung könnte ich nicht verkraften - denn drei Monate nur einsame Pellkartoffeln....?

Noch ehe wir aussteigen können ist der Kerl schon neben uns und reißt die Tür auf. Lediglich dem Sicherheitsgurt habe ich es zu verdanken, dass ich nicht hinaus falle.

„Gott sei Dank, dass wir sie anhalten konnten“, sagt der Mann.

„Haben sie denn die Durchsage im Radio nicht gehört?“

Clemens, der verzweifelt versucht, den Wortschwall der Dame auf seiner Seite zu stoppen, schaltet schneller als ich. Irgendwann muss auch diese Dame einmal Luft holen, und sofort nutzt er diese seltene Gelegenheit.

„Sie meinen die Durchsage wegen der Radmuttern? Die haben wir auch gehört - es ist alles wieder in Ordnung!“

„Ach...?“, entfährt es den beiden wie aus einem Munde.

Mir erstirbt die Schimpfkanonade auf den Lippen. Immerhin: man wollte uns helfen. Und wenn wir die Durchsage tatsächlich nicht gehört hätten....?

Aber trotzdem - eine etwas weniger spektakuläre Art, uns anzuhalten, wäre mir lieber gewesen!

Und so wage ich es, zaghaft zu bemerken:

„sie hätten uns beinahe umgebracht! Es wäre....“

„So, so“, unterbricht er mich böse. Weiter kommt er nicht, denn nun sind bei der Dame alle Schleusen der Beredsamkeit geöffnet!

„So eine Unverschämtheit!“, fährt sie auf den armen Clemens los, der in seinem Sitz sichtlich immer kleiner wird.

„Da versucht man, Menschenleben zu retten und erntet auch noch Vorwürfe! Eine Undankbarkeit sondergleichen! Aber was soll man von der heutigen Jugend auch Anderes erwarten! Das ist das letzte Mal, dass wir jemandem geholfen haben. Hast du gehört, Klaus-Dieter?“

Alles kann ich ertragen - doch für meine Jugend kann ich nichts. Außerdem bessert sich dieser Fehler von Tag zu Tag, auch wenn es noch lange dauern wird, bis ich das biblische Alter dieses feuerspeienden Drachen erreicht haben werde. Doch mein Versuch, noch etwas zu dieser interessanten Diskussion beizutragen, wird zunächst schon im Ansatz erstickt.

Wenn sie allerdings so weiter schnattert wird Clemens irgendwann in der Ritze zwischen Sitz und Lehne verschwunden sein.

Und davor muss ich ihn bewahren.

„Entschuldigen sie nur“, sage ich zerknirscht, als die Dame abermals empört nach Luft schnappt.

„Wir sind ihnen wirklich sehr dankbar. Direkt schade, dass wir die Durchsage auch gehört haben“.

„Ach was“, schüttelt der Mann den Kopf.

„Demnächst fahren wir einfach weiter. Was gehen uns wildfremde Leute an! Komm, Emilie, wir fahren. So schnell riskiere ich nicht wieder den Hals, um jemandem das Leben zu retten!“

Die beiden entfernen sich und rauschen gleich darauf davon.

Wir bleiben erschüttert zurück. Wirklich: wir hätten nach der Durchsage nicht anhalten sollen. Nun haben wir diese beiden hilfreichen Menschen darum gebracht, eine gute Tat zu vollbringen. Beim nächsten Mal werden wir weiter fahren - ganz langsam vielleicht, bis uns jemand anhält!

Beschämt setzen wir unsere Reise fort.

„Wieder zehn Minuten verloren“, bemerkt Clemens schließlich niedergeschlagen.

„Es könnte aber immer noch reichen“.

Ich erhöhe die Geschwindigkeit auf 150 km/h und grüble grimmig darüber nach, wie viel ich von dem Mechaniker zurück verlangen soll.

Auch Clemens hängt seinen Gedanken nach.

Zwei Lkw zwingen mich auf die Überholspur.

Doch kaum habe ich den ersten passiert blitzt es im Rückspiegel auf. Zwei Porsche, die anscheinend ein Wettrennen veranstalten, wollen vorbei.

Kaum habe ich mich wieder rechts eingeordnet setzt sich der eine vor - und der andere neben uns. Der vor uns verringert beständig seine Geschwindigkeit, während der andere mit einem drohend fuchtelnden Fahrer gefährlich näher kommt und mich schließlich zum dritten Mal auf dem Seitenstreifen zum Halten zwingt.

Auch die Sportwagen bleiben stehen. Zwei junge Burschen steigen aus und kommen heran.

„Oh nein - nicht schon wieder!“, stöhnt Clemens.

Ich kann mir nicht helfen - trotz aller guten Vorsätze spüre ich doch einen leichten Unmut in mir hoch steigen.

Zähneknirschend kurble ich die Seitenscheibe hinunter.

„He, was soll das?“

Ein Kerl wie ein Wandschrank beugt sich zu mir herunter.

„Immer mit der Ruhe, Opa. Sei froh, dass wir dich zum Anhalten gezwungen haben! Deine Radmuttern hinten sind nämlich lose. Eben ist es im Radio durchgesagt worden!“

„Nein“, sage ich, angenehm berührt von der herzerfrischenden Hilfsbereitschaft dieses so großen jungen Mannes - und bedaure es gleichzeitig, dass ihn die Dame von vorhin nicht kennen lernte.

„Das ist ganz unmöglich, weil.....“

Der zweite junge Mann, noch etwas größer als sein Kollege, dafür aber viel breiter, schiebt den ersten zur Seite und versteckt meine Schulter in seiner rechten Hand.

„Glaub's nur - umsonst wird so etwas nicht im Radio durchgegeben. So können wir euch nicht weiter fahren lassen. Auf keinen Fall!“

„Du, Thom“, mischt sich Clemens vorsichtig ein, „es könnte schon....wir sind ja schon wieder ein ganzes Stück gefahren!“

Er hat Recht! Es ist ja immerhin nicht auszuschließen, dass sich gerade festgezurrte Radmuttern nach drei Kilometern erneut gelöst haben! Dass ich daran nicht gleich gedacht habe!

Also steige ich - in Blitzgeschwindigkeit vom jungen Mann zum Opa mutiert - aus, hole den Kreuzschlüssel aus dem Kofferraum, entferne hinten die Radkappen und ziehe die festen Muttern fest.

„Vielleicht sollte ich vorne auch gleich nachsehen?“, schlage ich eifrig vor.

„Gute Idee“, nickt gummikauend der Wandschrank zu meiner Rechten, während der zu meiner Linken diese Idee durch ein anerkennendes Grunzen honoriert.

Also wandern wir selbstdritt - ich in der Mitte - nach vorn, wo ich mich aufs Neue der interessanten und abwechslungsreichen Tätigkeit des Radmutterfestziehens hingebe. Einer meiner Begleiter nimmt mir anschließend den Schlüssel aus der Hand und ich schließe resignierend die Augen. Bei diesen gewaltigen Pranken wird er die Muttern wohl samt Rädern von der Achse drehen!

„So, das wär's", meint er endlich, und ich öffne die Augen wieder.

Die Räder sind noch dran. Beide!

Nach vielen feurigen Dankesbezeugungen unsererseits fahren die beiden dann sehr zufrieden weiter, nicht ohne mir das Versprechen abgenommen zu haben, in der nächsten Werkstatt die Festigkeit der Radmuttern noch einmal überprüfen zu lassen.

„Besser zeh Mal zu viel als ein Mal zu wenig!", philosophiert Clemens tiefsinnig, als wir wieder unterwegs sind.

„Mal' den Teufel nicht an die Wand!", sage ich erschrocken, denn wir haben schon wieder gut zehn Minuten verloren. Wenn jetzt alles gut geht kommen wir am Flughafen gerade an, wenn das Flugzeug landet. Nun ja, auch das würde ja noch reichen.

Vor uns fährt ein „häßliches Entlein", das ich überholen will.

Kaum bin ich auf der Überholspur, als hinter uns wütendes Hupen ertönt. Eine Lichtkaskade im Rückspiegel blendet mich fast.

Das kenne ich nun schon!

Ich mache fast eine Vollbremsung, wir schießen auf den Seitenstreifen hinüber, wo ich den Wagen anhalte.

Der Mercedes braust vorbei und verschwindet mit pfeifenden Reifen in der Ferne.

Nach einigen sprachlosen Sekunden wendet Clemens den Kopf.

„Warum hältst du hier eigentlich?", will er scheinheilig wissen.

Blöde Frage!

Wütend lenke ich meinen Opel auf die Fahrspur zurück.

Clemens klopft mir gönnerhaft auf die Schulter: „ganz ruhig bleiben. Nur nicht nervös werden!"

Dann sucht er im Radio Unterhaltungsmusik. Zur Beruhigung, wie er sagt.

Plötzlich habeich eine Idee!

„Weißt du was? An der nächsten Raststätte halte ich kurz an und telefoniere mit der Rundfunkanstalt. Wenn die durchgeben, dass alles erledigt ist......."

„Weißt du noch, welcher Sender es war?", fragt mein Freund dazwischen.

Manche Ideen entpuppen sich bei näherem Hinsehen zwar als gut, aber doch realitätsfremd.

Also fahren wir weiter.

Jedoch nicht lange!

Der Nächste, der wie wild darauf versessen ist, uns das Leben zu retten, ist der Fahrer eines Fernlastzuges. Trotz meiner verzweifelten Gegenwehr drückt er uns mit Hilfe seines riesigen Ungetümes auf die Standspur.

Als wir zum Stehen kommen spüre ich, wie mein Blut zu kochen beginnt. Rote Kreise wirbeln vor meinen Augen, meine Zähne schlagen in ohnmächtiger Wut aufeinander.

Ich reiße die Tür auf.

„Die Radmuttern sind fest. Sie sind so fest, dass sich die Räder fast nicht mehr drehen! Sie sind so fest, dass sie King-Kong nicht mehr lösen könnte! Wir haben sie festgezogen! Fest - ge - zo - gen! Hören sie? Sie sind fest, fest fest!"

Mein Gebrüll stört ihn überhaupt nicht. Als er neben mir steht meint er: „Fest? Hier gibts ein Fest? Nee, tut mir leid, aber dafür habe ich leider keine Zeit. Ich muss meine Fuhre abliefern. Aber wissen sie, ihre Radmuttern......."

Ich falle verzweifelt weinend in meinen Sitz zurück.

Clemens streicht mir beruhigend übers Haar.

„Nur ruhig - das kommt alles wieder in Ordnung“.

Dann wendet er sich an den Fernfahrer.

„Sagen sie - haben sie zufällig ein großes Stück Pappe und einen Rotstift?“

Der Mann nickt.

„Ich glaube ja“, meint er verblüfft.

„Moment - ich hole es ihnen. Aber was ist nun mit den Radmuttern.....?“

Ich beiße die Zähne zusammen. Wenn irgendjemand noch ein einziges Mal das Wort „Radmuttern“ erwähnt.....!

Clemens steigt aus.

Ein paar Minuten später setzt der Lkw seine Fahrt fort und Clemens kommt zurück.

Ich habe mich mittlerweile wieder gefasst und hocke dumpf brütend in meinem Sitz. Finstere Gedanken wälzen sich in meinem Hirn.

Mein Freund steigt ein und knallt die Tür zu.

„So, das müsste eigentlich helfen“.

Er hält mir ein Pappschild vor die Nase, auf das er in großen roten Lettern den Satz „wir haben unsere Radmuttern festgezogen!!!“ gemalt hat.

„Na?“, sage ich zweifelnd, aber das lässt Clemens nicht gelten.

„Fahr los, du wirst schon sehen. Übrigens - jetzt müssen wir uns wirklich beeilen!“

Und so fahren wir denn.

Zunächst habe ich das Schild auf dem Schoß liegen. Beim geringsten Anzeichen, dass uns jemand anhalten will, reiße ich es hoch und presse es gegen die Seitenscheibe.

Umgehend bringen mich die Folgen dieser Idee an den Rand eines Nervenzusammenbruchs!

Zwar ist mir bekannt, dass ein Großteil der bundedeutschen Autofahrer schlecht sieht. Dass aber 90 % noch schlechter sieht ist mir neu.

Jedes Mal, wenn ich das Schild hoch halte, kommt der Wagen neben uns so dicht heran, dass ich den jeweiligen Beifahrer bei ausgestrecktem Arm mühelos am Kinn kraulen könnte. Clemens ist vollauf mit Zähneklappern beschäftigt - wie ich sieht wohl auch er bereits einen zerknüllten Haufen Blech im Straßengraben liegen.

Aber immerhin: wir kommen vorwärts. In dieser Hinsicht tut das Schild seine Wirkung.

Und dass uns einige, nachdem sie das Schild gelesen haben, kopfschüttelnd den Vogel zeigen und davon brausen - darüber muss man eben hinweg sehen. Es kann nun mal nicht jeder den gleichen Sender wie wir hören.

Nach zwei Stunden wage ich es, die Pappe Clemens in den Schoß zu werfen - mein linker Arm scheint bereits einige Zentner zu wiegen!

Nun haben wir es nicht mehr weit. In einer halben Stunde müssten wir am Flughafen sein.

Gerade donern wir durch eine Baustelle, als Clemens sich räuspert.

„He! Hast du das Schild nicht gesehen?“

Schild? Welches Schild? Wie kann man Schilder lesen, wenn man gerade mit 150 Sachen eine Autobahnbaustelle passiert? Das kann kein Mensch von mir verlangen!

„Geschwindigkeitsbeschränkung auf 60 km/h“, teilt Clemens mir freundlich mit.

„Und da vorne steht die Polizei!“

Natürlich - die Herren in den schicken Uniformen tun ja nur ihre Pflicht. Und es ist gut, dass es sie gibt.

Nur jetzt....gerade heute...und ausgerechnet bei mir.....!

Während ich, der roten Kelle gehorchend, folgsam auf den Seitenstreifen abbiege - ich kann das inzwischen wie ein Profi! - rechne ich blitzschnell nach. 60 km/h war vorgeschrieben, 150 km/h hatte ich drauf. Damit dürfte sich der Verpflegungsengpass meines Haushaltes der Null-Linie nähern.

Ich würde mich bei Clemens einladen müssen!

Der Polizist tippt leicht mit einem Finger an den Mützenschirm.

„Guten Tag. Haben sie das Schild nicht gesehen?“

„Na ja, schon, wissen sie, aber.....“

Clemens kommt mir zu Hilfe.

„Das ist alles nur wegen der losen Radmuttern passiert!“

„Wie?“

Der Beamte starrt uns an und verzieht dann das Gesicht.

„Ach so - ich verstehe. Ihre Radmuttern sind lose. Da sind sie wohl extra schnell gefahren um am Ziel zu sein, bevor ihre Räder sich selbstständig machen?“

Bevor ich antworten kann nähert sich der zweite Beamte, der inzwischen meine Autonummer studiert hat.

„Wissen sie eigentlich, dass ihre Radmuttern.....“

Vor meinen Augen beginnt es zu flimmern, mein Herzschlag steigert sich zum Trommelfeuer, der Blutdruck steigt. Ich verspüre plötzlich den merkwürdigen Wunsch, irgend jemandem an die Kehle zu fahren, zu beißen und um mich zu schlagen. Der Laut, den ich dabei hervor bringe, erschreckt mich selbst und lässt die Polizisten zwei Schritte zurück treten. Beide greifen zu ihren Waffen.

„Was ist denn mit ihrem Freund los? Hat er was getrunken? Oder vielleicht Drogen.......?“

Clemens mag es ähnlich gehen wie mir - aber er behält die Nerven. Mit ein paar Worten erklärt er unsere Situation.

Die Beamten wechseln vielsagende Blicke.

„Also, sie sind das tatsächlich? Na, dann.....“

Das Weitere verstehe ich nicht mehr, weil ich es nicht verstehen will. All meine Energie ist auf das Auffangen eines einzigen Wortes gerichtet. Wenn jetzt noch einmal Radmuttern im Gespräch auftauchen.....!

Ich komme erst wieder zu mir, als Clemens mir den Ellenbogen in die Rippen stößt.

„Los! Hinterher!“

Verdattert lenke ich den Wagen hinter dem Polizeifahrzeug her, das uns mit Blaulicht und Sirenengehul zum Flughafen geleitet.

„Das Protokoll wäre ziemlich teuer geworden - Punkte in Flensburg und Führerscheinentzug inclusive“, erläutert mir mein Beifahrer.

„Glücklicherweise haben die beiden die Durchsage auch gehört. Und wir hätten nur bei der Polizei anzurufen brauchen - die hätten schon für Entwarnung gesorgt. Na ja - wer aus dem Rathaus kommt.....!

Jedenfalls: als ich ihnen alles erzählt habe konnten sie vor Lachen nicht mehr reden und haben darüber die Anzeige vergessen. Und jetzt bringen sie uns zum Flugplatz!“

Gott segne die Technik, meinen Mechaniker und die losen Radmuttern! Unsere Polizei gehört doch zum Besten, was wir haben!

Eine viertel Stunde später sind wir am Flughafen.

Mit meinem Verleger werde ich schnell einig: er kommt mir ein wenig entgegen, ich ihm sehr viel weniger wenig, und so finden wir einen schönen Kompromiss.

„Wissen sie“, meint er, als wir uns verabschieden, „ihr Kurzgeschichtenband ist wirklich nicht schlecht. Aber für den zweiten Band könnten sie mal ein paar Erzählungen schreiben, humorvoll, wie üblich, und lustig, aber trotzdem mit Hintergrund. Es sollte jeden von uns angehen und jedem passieren können!"

„Oh ja!", gebe ich grimmig zurück.

„Da hätte ich schon eine Idee! Es ist lustig, sogar sehr lustig! Es ist humorvoll und hat einen tieferen Hintergrund, es könnte wirklich jedem passieren.

Und die Hauptrolle dabei spielen ein paar lose Radmuttern!"

Irritiert sieht er mich an.

„Muttern? Ganz ordinäre Radmuttern? Na, ich weiß nicht....? Verstehen sie das?"

Clemens, an den diese Frage gerichtet ist, grinst.

„Ich schon - und sie auch. Aber erst, wenn sie die Geschichte gelesen haben!"

KINDER, KINDER!

Eines Tages war mir auch die letzte Ausrede ausgegangen. Es fiel mir einfach nichts mehr ein!

Mindestens 561 Mal hatte Hugo mich zu sich nach Hause eingeladen. Und 561 Mal war ich in der Lage gewesen, eine Entschuldigung zu finden, die so glaubhaft war, dass selbst Hugo sie akzeptierte.

Beim 562. Mal jedoch blieb die Abteilung „Ausreden/Notlügen.de" in meinem Inneren absolut leer.

Ausverkauft!

Neue Ausreden würden erst zu Beginn des nächsten Jahres wieder geliefert - und bis dahin war noch lange Zeit. Es blieb mir also nichts Anderes übrig - ich musste zusagen.

Hugo ist, wie sich das für einen dynamischen, modernen, auf der Höhe der Zeit stehenden Menschen gehört, zum fünften Male glücklich verheiratet. Und seine Frau, die ich leider noch nicht kennen gelernt habe, ist, wie auch die anderen vor ihr, eine ausgesprochene Schönheit. Dazu sanft und doch stark, stolz und doch mitfühlend, und voll Erbarmen für die kleinen Schwächen ihrer Mitmenschen ist sie auch vom Charakter her eine seltene Ausnahme, was schon daran zu erkennen ist, dass sie sich Hugo erwählt hat.

Die Krönung dieser wirklich selten perfekten Familie aber sind die drei Kinder. Eins aus Hugos zweiter Ehe, eins, das sie beisteuerte, und eins aus der jetzigen Beziehung. Wer auch immer das seltene Glück hat, bei Hugos zu Gast geladen zu werden, ist von seiner Gattin - vor allem aber und in jedem Falle von den Kindern geradezu entzückt!

Hugos erziehen ihre Kinder nämlich selbstverständlich nach den modernsten pädagogischen und psychologischen Erkenntnissen. Mit unnachahmlicher Bravour verstehen sie es dazu, selbst die im Abstand von wenigen Tagen auftretenden diesbezüglichen Änderungen flugs in den laufenden Erziehungsprozess einzubauen. Bei meinem letzten Besuch, den ich nicht gemacht hatte, war ich im Vorfeld von Hugo ausführlich darüber informiert worden.

Ich muss ehrlich zugeben: ich freute mich auf diesen Besuch. Eine Einladung vom Finanzamt, oder die fröhliche Ankündigung meiner Schwiegermutter - „morgen komme ich euch besuchen! Freust du dich?“ - hätten keine größeren Begeisterungsstürme in mir auslösen können.

An dem entsprechenden Sonntagnachmittag also wusch ich mich gründlich, warf mich in meinen dunklen Anzug, den ich seit meiner Konfirmation regelmäßig hatte reinigen lassen, packte die Mitbringsel in ein Bastkörbchen, bekreuzigte mich und machte mich auf den Weg. So sehr ich mich auch auf den Besuch freute - ein gewisses unbehagliches Gefühl in mir nahm umgekehrt proportional der Annäherung an Hugos Behausung zu. Es mochte daran liegen, dass ich selbst zwei Kinder habe, bei deren Erziehung ich - im Gegensatz zu Hugo - kläglich versagt habe!

Ich gestehe es nur ungern ein - aber mein Sohn zum Beispiel ist noch immer so dekadent und unterwürfig, Erwachsenen gegenüber höflich zu sein und sie quasi als höhere Wesen anzusehen. Das führt so weit, dass er sich selbst dann für ein Geschenk artig bedankt, wenn es ihm absolut nicht gefällt, anstatt es dem Geber in berechtigter Entrüstung an den Kopf zu werfen. Außerdem unterbricht er Gespräche Erwachsener nur im Notfall und vergewaltigt somit sein eigenes Mitteilungsbedürfnis aufs Schändlichste! Die seelischen Schäden, die er dadurch davon trägt, rauben mir den Schlaf und werden mir im Laufe der Zeit zu Magengeschwüren und tiefen Depressionen verhelfen.

Noch schlimmer ist es mit meiner Tochter!

Nicht nur, dass sie sich befleißigt, ihrem älteren Bruder in allem nachzueifern - nein, sie als werdende Frau interessiert sich ausschließlich für Haushaltsdinge - und fürs Kochen!

Und nicht nur das!

Obwohl wir sie zu Weihnachten, Geburtstag und anderen Gelegenheiten mit Spielzeugautos, Handwerkskästen, Bohrmaschinen, Schießgewehren und Fußbällen förmlich überschwemmten, spielt sie am liebsten...mit Puppen!!

Nie haben wir ein solches Symbol devoter Weiblichkeit auch nur in ihre Nähe kommen lassen! Und als es doch einmal geschah, weil mein Vater sich nicht beherrschen konnte, und ich ihr die sprechende und „Mama!“ schreiende Puppe („macht auch echt Pipi in die Windeln!“) wütend entriss und statt dessen einen Hammer in die Hand drückte, bemalte sie den Hammerstiel mit zwei Augen und einem Mund, wickelte ihr Taschentuch darum und ist seitdem ohne ihre Püppi nicht mehr ins Bett zu bringen!

Wie soll aus ihr jemals eine emanzipierte, moderne, karrierebewusste Frau werden!

Oder sollte sie am Ende gar kein Mädchen sein - und wir hatten es nur noch nicht bemerkt?

Doch das in eigener Person mit der am nächsten liegenden Methode festzustellen verbot mir die Vereinigung der Kinderschutzbünde. Und einen Arzt wollte ich nur auf Grund eines vagen Verdachtes schon wegen der damit verbundenen Kosten nicht belästigen. So muss ich meiner Frau vertrauen, die eisern daran festhält, dass es sich bei unserer Tochter tatsächlich um ein weibliches Wesen handelt.

Ich konnte nur hoffen, dass Hugo und seine Frau mich nicht auf meine Kinder ansprachen!

An diesen Gedanken klammerte ich mich verzweifelt - obwohl ich aus Erfahrung wusste, dass er nie Realität werden würde.

Sobald Eltern zusammen kommen muss irgendwann - getreu dem entsprechenden Naturgesetz - die Frage kommen: „und was machen ihre Kinder?“

Ein Vergleich zwischen Hugos und meinen Kinder jedoch...an diese Katastrophe wagte ich gar nicht zu denken!

Hugos bewohnen ein kleines Häuschen in einer Vorortsiedlung. Wenn man sie besuchen will kann man keine öffentlichen Verkehrsmittel benutzen, da diese die Siedlung weiträumig umfahren. Man kann auch nicht mit dem Auto kommen, da die Straßen noch nicht angelegt sind - der Prozess wegen der Höhe der Anliegerkosten läuft erst seit 8 Jahren - und selbst die Anwohner ihre Fahrzeuge außerhalb parken müssen.

Selbst das Fahrrad empfiehlt sich nicht unbedingt, denn die Wege und zukünftigen Straßen bestehen derzeit noch aus Sandhaufen einerseits und tiefen Gruben andererseits, die in derart häufigem, anmutigem und unvermuteten Wechsel auftreten, dass man sein Zweirad allenfalls tragen könnte.

Folglich kommt man zu Fuß und tut damit etwas für seine Gesundheit. Schließlich hat ein Hindernislauf an frischer Luft in der weiten, freien Natur noch niemandem geschadet! Demzufolge lustwandelte ich, mein Körbchen am Arm, den Parcours Richtung Siedlung entlang.

Neben mir brauste das Leben, denn der Pfad schmiegt sich eng an die Autobahn an, von der ihn nur ein schmaler Grasstreifen und die Leitplanke trennen.

Schon nach etwa einer Stunde durchquert er dann die Mülldeponie, durchschneidet das Industriegebiet, und so waren noch keine zwei Stunden vergangen, als ich mich bereits vor Hugos Häuschen befand.

Ich klingelte.

Dieses Alarmzeichen löste nach einer Schrecksekunde ein interessantes Sammelsurium von Geräuschen aus.

Zunächst begann ein Hund wütend zu bellen, kreischende Kinderstimmen fielen ein, und eine keifende Frauenstimme bildete die Soloeinlage zu dieser Kakophonie.

Nur Hugos Stimme hörte ich nicht.

Vielleicht war er gar nicht zu Hause?

Die Haustür öffnete sich, und vor mir stand eine Frau, die ein Kind auf der Hüfte trug.

Neben ihr erschienen die Wuschelköpfe zweier größerer Kinder, und zwischen ihren Beinen durch schoss ein riesiger Rottweiler auf das sehr niedrige Gartentürchen zu und machte Anstalten, sich durch die Latten hindurch sehr intensiv mit meinen Hosenbeinen zu beschäftigen. Nur die Tatsache, dass das Minitürchen noch geschlossen war, rettete mich und meine Beinkleider - vorerst!

Ich retirierte respektvoll. Einerseits wegen des Hundes, andererseits aber auch vor dem strengen Blick der bekinderten Dame, die eine verzweifelte Ähnlichkeit mit meiner ehemaligen Mathematiklehrerin besaß. Dutt, Nickelbrille, stechender Blick - alles war vorhanden. Dazu war die Dame von einer sehr strengen, herben, äußerst knochigen und hageren Schönheit, die sich mit Sicherheit nur dem wahren Kenner auf den vierten Blick eröffnete. Die messerscharfe, imponierend lange Nase bestätigte diesen Eindruck ebenso eindrucksvoll wie die hautengen Leggins und der schmuddelige Pullover, den die Erscheinung trug.

Noch ehe ich mein Erstaunen überwunden hatte, dass Hugo seit Neuestem eine Kinderfrau beschäftigte, schrie einer der Wuschelköpfe:

„Rosi - wer ist der Blödmann?“

„Das ist unser Besuch, der zu Papi und mir will“, antwortete die sittsame Hausfrau streng.

„Ihr wisst doch - der arme Mann, von dem Papi immer erzählt. Sie sind fünf Minuten zu spät!“

Letzteres galt augenscheinlich mir - doch leider war ich zu sehr beschäftigt, um mich entschuldigen zu können, denn der wachsame beste Freund des Menschen hatte durch das Gartentörchen hindurch nun doch meine Hose erwischt. Und während sich ein interessanter Zweikampf im Tauziehen zwischen ihm und mir entwickelte, war ich immerhin noch in der Lage mir einzugestehen, dass es sich bei der Dame wohl doch um Hugos getreues Eheweib handeln müsse.

Die Frage, warum ich ein armer Mann sei, ließ ich vorerst im Raume stehen.

Der Wettstreit im Tauziehen endete gütlich und in beiderseitigem Einvernehmen. Nachdem der Hund mühelos das winzige Tor überwunden hatte, verzichtete ich auf einen Teil meines Hosenbeines und durfte mich dafür auf den Briefkasten retten. Daraufhin bekämpfte die Bestie das Stück Tuch alleine weiter, während ich mich sehr anstrengen musste, auf dem sehr kleinen Briefkasten auf einer noch winzigeren dünnen Säule das Gleichgewicht zu halten.

„Wirklich - ein armer Blödmann!“, stellte daraufhin der andere Wuschelkopf fest, zeigte mir „Bäh!“ die Zunge und verschwand wieder im Haus. Der erste folgte diesem erfrischenden Beispiel jugendlicher Offenheit und zog sich ebenfalls zurück. Hund samt Stoff wurden unter Anwendung von Gewalt durch die sehr energische Dame entfernt - und nun endlich tauchte auch Hugo in der Haustür auf.

„Was machst du denn da oben?“, fragte er.

„Typisch! Hast du etwa Angst vor Cäsar? Der macht nichts - der will nur spielen. Ich sehe schon - von Hunden hast du auch keine Ahnung!“

Beschämt verließ ich meinen luftigen Aussichtsposten. Wie immer hatte Hugo Recht: wie hatte ich nur dieses bildschöne, rassige Tier mit den Riesenzähnen so falsch einschätzen können! Es ist immer falsch, vor einem Hund zurück zu weichen, wenn er die Zähne fletscht. Wie oft hatten mich Hundebesitzer darüber schon aufgeklärt: ruhig stehen bleiben ist die einzig richtige Methode - und frühestens nach einer Minute Ober- und Unterkiefer samt den dazu gehörenden Zähnen mit sanftem und sicherem Griff und unter vertraulichem Zureden gelassen aus Wade oder Arm entfernen!

Ich würde es wohl nie lernen!

Nunmehr konnte ich also meinen freundlichen Gastgebern ins Innere des Hauses folgen.

Im Flur kam es allerdings zu einem unvermuteten und peinlichen Zwischenfall!

Einer der Wuschelköpfe tauchte nämlich wieder auf und riss an meinem Henkelkörbchen.

„Was'n da drin?“

Wenn man bei einem solchen Korb an einer Seite nach unten zieht fühlt die andere Seite sofort die Verpflichtung, in der gleichen Geschwindigkeit nach oben zu schießen, wobei sie auf den Korbinhalt leider keine Rücksicht nehmen kann.

Infolgedessen - actio ist eben gleich reactio - zerschellte die für Hugo gedachte Cognacflasche mit einem schmetternden Krach auf den Fliesen.

Im Flur verbreitete sich intensiver Alkoholdunst.

„Bäh - das stinkt!“, rief Wuschelkopf, hielt sich die Nase zu und verschwand nun endgültig.

Leider hatte sich auch der Blumenstrauß in seine Einzelteile zerlegt, zeigte dafür aber nach einer notdürftigen Restaurierung eine hochinteressante, dynamisch-wilde neue Kunstform der Floristik, die man am besten mit „Haufenstrauß“ hätte bezeichnen können.

„Mensch - kannst du nicht aufpassen?“, rief Hugo und verdrehte die Augen.

„Du bist wirklich ein richtiger Tollpatsch!“

Seine Eheliebste sagte nichts - aber der verkniffene Zug um ihren Mund zeigte sehr deutlich, dass sie Hugo in diesem Falle ausnahmsweise nicht widersprechen würde.

Die anderen Mitbringsel waren zum Glück unzerbrechlich und gut verpackt, sodass sie ohne Schaden wieder in den Korb zurück wandern konnten.

Ich versprach, nächstens vorsichtiger zu sein und drückte mein Bedauern darüber aus, dass Hugo nun um sein Geschenk gekommen sei. Doch Hugo in seiner bewundernswerten Großzügigkeit meinte nur: „nicht so schlimm - aber den Schaden musst du natürlich ersetzen. Dazu der Schreck - ich komme morgen kurz bei dir vorbei und nehme mir zwei Flaschen Cognac mit. Dann ist das erledigt!“

Mir fiel ein Stein vom Herzen - Hugo ist wirklich ein wahrer Freund, der keine Opfer scheut!

Mit geringer Mühe lösten wir unsere Schuhsohlen vom klebrigen Cognacschleim, begaben uns knirschenden Schrittes ins Wohnzimmer und nahmen dort in den Sesseln Platz. Unterwegs hatte die Dame des Hauses das Blumenkunstwerk umweltgerecht in der Biomülltonne entsorgt.

„Ich kann dir leider nichts anbieten“, erklärte Hugo sodann.

„Seit die Kleine da ist kommt meine Frau zu nichts mehr. Sie muss unsere Jüngste ständig auf dem Arm haben, sonst schreit die Kleine wie am Spieß. In diesem Alter ist der körperliche Kontakt halt noch immens wichtig. Da kann Rosi natürlich nicht kochen. Deshalb müssen wir auch im Restaurant essen“.

„Aber sie könnte sie doch so lange in ein Laufställchen setzen“, wagte ich einzuwenden.

Der Wirkung dieser wieder einmal völlig unbedachten Äußerung hätte meinen Besuch ums Haar abrupt beendet!

Rosi drückte das Baby mit einem Entsetzensschrei so fest an ihren nicht vorhandenen Busen, dass das Kind im Gesicht eine leicht bläuliche Färbung annahm, und Hugo fuhr empört auf.

„Was? Bist du wahnsinnig? Willst du gerade in dieser enorm wichtigen Lebensphase schon den Grundstein zu einer Entwicklung legen, die zwangsläufig zur Verbrecherlaufbahn führt?“

„Verbrecherlaufbahn? Aber...ich meine...so ein Laufställchen...“

„Ich setze mein Kind doch nicht hinter Gitter!“, schnaufte Hugo wütend.

„So was kann auch nur dir einfallen! Sag bloß, du hast deine Kinder hinter Gittern groß gezogen!“

Vernichtet sank ich in meinen Sessel zurück. Ja, wir hatten! Und wir waren auch noch so stumpfsinnig, diese Maßnahme als willkommene Entlastung für meine Frau anzusehen, die so unbesorgt ihren Hausfrauenpflichten nachgehen konnte.

Welch Egoismus! Welche Misshandlung der kleinen, gequälten Kinderseelchen!

Und die Folgen!

Ohne Zweifel hatte Hugo wieder einmal Recht!

Mein Ältester würde die Safeknackerkarriere einschlagen. Und meine Tochter - so ich eine solche hatte - würde Schutzgelder bei sämtlichen Großküchen eintreiben. Und das alles nur, weil sie als Kleinkinder hatten im Laufställchen sitzen müssen!

Schuldlos hinter Gittern! Und ich hatte es nicht gewagt, diese Idee meiner Frau entrüstet zurück zu weisen, nur weil ich in meinem grenzenlosen Egoismus täglich mein Essen auf dem Tisch haben wollte!

Weiterer Überlegungen wurde ich zum Glück enthoben, denn Wuschelkopf Numero 1 erschien wieder auf der Bildfläche. Nun glaubte ich auch erkennen zu können, dass es ein Mädchen war.

„He, Blödmann, was hast du uns denn mitgebracht“, fragte sie, indem sie mir ans Schienbein trat.

Kinder sind noch offen, ehrlich und unverdorben. Sie sagen, was sie denken. Sie unterdrücken nichts, weder Gedanken noch notwendiges Tun. Sie sind eben noch keine von der Kultur verbogenen Erwachsenen, die aus Höflichkeit lügen oder gewisse Regungen einfach unterdrücken.

Dass sie meinen Namen nicht richtig verstanden hatte - nun gut. Missverständnisse gibt es überall. Sollte ich diese herzerfrischende Natürlichkeit durch eine völlig unwichtige Korrektur vielleicht zerstören?

Ein weiterer Tritt an die gleiche Stelle bewog mich, das ihr zugedachte Päckchen zu überreichen.

Mit bewundernswertem Temperament und eindeutig praktischer Begabung zerfetzte sie das Geschenkpapier, ohne überflüssige Zeit mit dem Auspacken zu verschwenden. Die Kinder heutzutage sind eben viel weiter entwickelt als wir es damals waren und kennen schon im zartesten Alter den ehernen Grundsatz „Time is Money!“

Im nächsten Moment riss ihr Hugo den flauschigen, drollig schielenden Teddybären aus der Hand, und seine liebe Rosi stieß erneut einen schrillen Entsetzensschrei aus.

„Das darf ja wohl nicht wahr sein! Ein Plüschtier! Langsam zweifle ich an deinem Verstand! Diese Plüschviecher sind doch die reinsten Bakterienzuchtanstalten im Großbetrieb!“

Hugo war förmlich außer sich geraten!

„Warum schenkst du ihr nicht gleich ein Päckchen Strychnin? Schon mal was von Streptokokken, Hausstaubmilben und so weiter gehört? Hochentwickelte Kinder von überragend geistigem Niveau sind da äußerst sensibel und reagieren sofort mit Allergien!“

„Aber...aber...das ist doch nur...ein so kleiner Teddy...ich meine, ich als Kind...“

Der Blick, den die gute Rosi mir jetzt zuwarf, brachte mich zum Verstummen.

Was hatte ich getan! Wie gedankenlos hatte ich Hugos kleine Tochter in Lebensgefahr gebracht!

Dabei sah dieser kuschelige Teddy gar nicht so gefährlich aus!

Während ich mich noch selbst innerlich zerfleischte und glühende Kohlen auf meinem Haupte sammelte, hatte Hugos Töchterchen die Streichhölzer auf dem Couchtisch entdeckt und ging konzentriert und hartnäckig daran, ihre Enttäuschung dadurch zu kompensieren, dass sie Rosis Rock in Brand zu setzen versuchte.

Es wollte jedoch nicht so recht gelingen.

Trotzdem versuchte sie es mit bewundernswerter und verbissener Hartnäckigkeit und Entschlusskraft weiter, obwohl Rosi sie in eine interessante Diskussion über Sinn und Zweck dieses ihres Tuns zu verwickeln versuchte.

Natürlich tauchte nun auch Wuschelkopf Numero 2 wieder auf, ein Junge, wie mir schien, und hinderte mich daran, das zweite Päckchen unauffällig unter dem Sesselpolster verschwinden zu lassen. Das ihm zugedachte Spielzeugauto wurde von Rosi sofort konfisziert, und Hogo belehrte mich in verächtlichem Ton, dass man so etwas nicht kaufe, da es durch Kinderarbeit in Entwicklungsländern hergestellt würde.

Erschüttert sank ich wieder einmal in meinem Sessel in mich zusammen, wurde von dem Jungen verdientermaßen ebenfalls mit einem Schienbeintritt belohnt und konnte mich nur damit trösten, dass er wenigstens nicht die gleiche Stelle traf.

„Der ist wirklich blöd, Hugo. Genau wie du gesagt hast!“, stellte er fest und zog sich zurück.

Seine Schwester, die sich inzwischen weiterhin darum bemüht hatte, eine erfolgreiche Brandschatzerin für Röcke zu werden, und dabei noch immer eine erstaunliche Zähigkeit und Ausdauer bewies, folgte ihm schließlich missmutig.

„Wenn du den Kindern schon etwas mitbringen willst“, belehrte mich Hugo nun, „dann kaufe jedem von ihnen einen Computer. Den wünschen sie sich schon lange. Wenn ich den Cognac bei dir abhole kann ich die Geräte ja dann gleich mitnehmen".

„Natürlich", erwiderte ich kleinlaut und strich im Geiste unsere geplante Urlaubsreise nach Tunesien. Der Schwarzwald würde es schließlich auch tun!

„Deine armen Kinder", schüttelte Hugo jetzt den Kopf und wurde von Rosi durch kräftiges Nicken unterstützt.

„Gehst du mit denen genauso um?"

„Na ja, ich versuche schon...ich meine..."

„Kann ich mir schon vorstellen, wie das bei euch zugeht", unterbrach mich Hugo.

„So richtig nach den Methoden des vorigen Jahrhunderts, was? Du bist der Diktator, und die Kleinen müssen kuschen, stimmt's? Wie lasst ihr euch denn ansprechen? Wahrscheinlich mit Mama und Papa, oder?"

„Ja...schon...", musste ich zugeben.

Dabei konnte ich mich eines unbehaglichen Gefühls aber nicht erwehren, denn ich hatte sehr wohl registriert, dass Hugo und Rosi von ihren Kindern mit Vornamen angesprochen wurden.

„Natürlich!", lachte Hugo, „hab' ich mir's doch gedacht! Damit gleich eine autoritäre Schranke entsteht, die die Kinder verinnerlichen sollen. Keine Ahnung von den modernsten Erkenntnissen der Kinderpsychologie!

Kinder sollen als völlig gleichberechtigte Familienpartner aufwachsen, das weiß doch jeder Idiot! Sie haben das gleiche Recht, ihre Eltern mit Vornamen anzureden wie umgekehrt. Eltern müssen die besten Kumpels ihrer Kinder sein - aber das kann man jemandem wie dir wohl kaum begreiflich machen. Deswegen werden bei uns auch alle Entscheidungen im gemeinsamen Familienrat getroffen. Siehst du zum Beispiel hier irgendwo ein Fernsehgerät?"

Ich sah mich um.

Erst jetzt fiel mir auf, dass ich wohl im einzigen Wohnzimmer Deutschlands saß, in dem diese wertvollste Errungenschaft unserer Kultur durch Abwesenheit glänzte.

„Kannst du auch nicht", fuhr Hugo fort.

„Beide Geräte stehen in den Zimmern unserer Kinder. In einer sachlichen Diskussion beim letzten Familienrat haben sie Rosi und mich mit Recht davon überzeugt, dass die Kinderprogramme und die Musikclipsender für ihre seelische Entwicklung von weitaus größerer Bedeutung sind, als irgendwelchen politischen Sendungen oder Sportübertragungen für mich, beziehungsweise die daily Soaps für meine Frau.

Aber eine derartige Diskussion ist natürlich nur zwischen hochintelligenten Eltern und ihren gleich veranlagten Kindern möglich!"

Leider musste ich das zugeben. Der Versuch, mit meinen Kindern zu diskutieren, endet stets im Fiasko, weil sich die Argumentation unseres Nachwuchses irgendwann auf den Satz „ich will aber..." reduziert, oder auch noch viel häufiger auf „...ich will aber nicht...!"

Allerdings wurde mir jetzt auch schlagartig klar, warum Hugo zu jeder Übertragung eines Fußballländerspieles bei mir auftauchte und meine Biervorräte dezimierte.

„Wie läuft die Erziehung bei euch denn überhaupt so ab?", wollte Hugo nun wissen.

„Womöglich bestrafst du deine Kinder auch noch?"

„Ja...schon", gestand ich zaghaft, um, als ich die Blicke der beiden bemerkte, schnell noch hinzu zu fügen „aber ganz selten!"

„So. Ganz selten. Und wie?"

Unbehaglich wandte ich mich auf meinem Sitz hin und her.

„Na ja...manchmal...also, wenn gar nichts mehr geht...wenn sie partout nicht hören wollen...dann habe ich...aber wirklich nur im Ausnahmefall...ich meine...Stubenarrest....?“

„Ha!“, fuhr Hugo auf, und Rosi schüttelte „tz,tz,tz“ den Kopf.

„Stubenarrest! Freiheitsberaubung also! Das ist ja strafbar!“

„Das kommt auch fast nie vor“, versicherte ich eilig.

„Meistens gibt's Taschengeldentzug“.

„Das ist ja noch schlimmer! Weißt du, was du deinen Kindern damit antust? Wenn du ihnen das Taschengeld streichst nimmst du ihnen die Möglichkeit, beim Konsumverhalten mit anderen Kindern mitzuhalten und sich damit in der Gruppe zu integrieren. Du machst sie damit zu Außenseitern, Ausgestoßenen! Ganz abgesehen davon, dass dies auch den Straftatbestand der Erpressung erfüllt! Und schließlich haben die Kinder einen gesetzlichen Anspruch auf Taschengeld - das kannst du doch nicht einfach ignorieren! Ich fasse es nicht! Wie kann man bei der edelsten Aufgabe, die dem Menschen gestellt ist, bei der Erziehung der Kinder, derart rückständig und brutal sein!

Womöglich prügelst du sie auch noch!“

„Nein! Niemals!“, empörte ich mich.

„Wie kannst du so etwas von mir glauben! Dazu habe ich sie viel zu lieb! Höchstens mal einen Klaps.....“

Ich verstummte erschrocken, denn das hatte ich Hugo auf keinen Fall auf die Nase binden wollen. Aber nun war es mir heraus gerutscht!

Rosie wich entsetzt in ihrem Sessel zurück, und Hugos Blick glich dem eines Triumphators.

„Ich wusste es doch! Natürlich prügelt er seine Kinder! Weißt du nicht, dass die Anwendung körperlicher Gewalt ein Zeichen von Primitivität ist, von geistiger Dekadenz? Und es erfüllt wieder einen Straftatbestand, nämlich den der Körperverletzung. Und gegen den Artikel des Grundgesetzes sowieso, der die körperliche Unversehrtheit als Recht postuliert. Aber ich hätte es wissen müssen - von dir war ja nichts Anderes zu erwarten, du Primitivling! Eigentlich müsste ich dich anzeigen!"

„Aber Hugo...wirklich, es war nur ein winziger Klaps auf den Po...und auch nur ein einziges Mal, weil Kläuschen meine Frau in den Arm gebissen hatte und nicht wieder loslassen wollte. Was hätte ich denn machen sollen?"

An diesen Abend dachte ich nur mit Schaudern zurück. Kläuschen, damals vier Jahre alt, hatte nicht ins Bett gehen wollen. Alles gute Zureden half nichts, bis die sachliche Diskussion schließlich in dem erwähnten Biss kulminierte. Um zwei Uhr morgens entschlossen wir uns dann, das Ehebett zu dritt aufzusuchen, worüber meine Frau nicht sonderlich glücklich war, denn es ist sehr schwierig, mit den Zähnen seines Kindes im Oberarm Schlaf zu finden. Und als unser charakterfester Sohn am nächsten Morgen den anderen Arm in Angriff nehmen wollte, hatte ich - ich muss es zu meiner Schande einräumen - diese unvermutete Chance genutzt und seine Absicht durch einen Akt der reinsten Brutalität verhindert.

Wie schämte ich mich jetzt dafür!

„Bitte, Hugo", bettelte ich verzweifelt, „es wird auch nie wieder vorkommen! Ich verspreche es euch! Ich bin sonst auch immer sehr lieb zu meinen Kindern! Wirklich!"

Hugo wiegte zweifelnd den Kopf.

„So, so. Sehr lieb. Du schmust wohl oft mit ihnen?"

Der lauernde Unterton bei dieser Frage entging mir leider, und so antwortete ich völlig unbedarft, stolz und fröhlich.

„Natürlich. Das haben meine Kinder sehr gerne!"

Jedes Geräusch im Zimmer verstummte.

Tödliche Stille breitete sich aus.

Die Kälte des Nordpols kroch an meinen Beinen hoch, legte sich auf mein Herz und erreichte schließlich die Haarwurzeln, die sich sofort aufrichteten und in einen kribbelnden Zustand verfielen.

„Pfui!“, keuchte Hugo schließlich, und Rosi schien kurz davor, sich zu übergeben.

„Körperliche Zärtlichkeiten! Die erste Vorstufe zum Kindesmissbrauch! Das hätte ich nicht von dir gedacht, du...du Päderast!“

„Aber...aber..ich habe mir dabei doch gar nichts gedacht...ich bin doch...ich war doch...ich habe sie doch einfach nur lieb!“

Ich verstummte hilflos, denn nun hatte ich äußerst schlechte Karten. Das war auch kein Wunder, denn Rosi gab mir in eisigem Ton zu verstehen, dass sie im Kinderschutzbund „Frauen gegen Zärtlichkeit“ engagiert sei. Man würde mich fürderhin sehr sorgfältig im Auge haben! Und ich hätte doch sicherlich nichts dagegen einzuwenden, wenn eine Untersuchungskommission dieser wohlangesehenen Institution, bestehend aus der Vorsitzenden, deren Vertreterin, drei Beisitzerinnen und ihr selbst bei mir einmal zu einem Hausbesuch vorbei kämen und mein Heim und den Zustand meiner Kinder überprüfen würden!

Bevor ich noch meiner Begeisterung ob dieser Ankündigung freudig Ausdruck geben konnte, und während Hugo noch zu überlegen schien, ob er mich zur Anzeige bringen sollte, weil ich mich nicht gegen die Zärtlichkeiten meiner Kinder wehrte, stürmten die beiden Wuschelköpfe wieder ins Zimmer.

„Wir wollen essen!“, schrie Numero 1.

„Wir haben Hunger!“, Numero 2.

„Schick' den Blödmann nach Hause!“, befahl Hugos Sohn, ganz im Tonfall seines Vaters.

„Ja. Er hat doch nichts Gescheites mitgebracht“, schloss sich die potentielle Rockbrandstifterin an.

Täuschte ich mich, oder begann ihr noch kleines Näschen bereits die Messerschärfe des mütterlichen Riechorganes anzunehmen?

„Dann gehst du jetzt wohl besser“, meinte Hugo.

„Wir können unsere Kinder ja nicht wegen jedes Besuchs hungern lassen!“

Das sah ich ein und unterdrückte meine eigenen Hungergefühle mit aller Kraft.

Die Verabschiedung war kurz und frostig, erlitt nur im Hof noch eine länger dauernde Unterbrechung, weil das verspielte Hündchen fest entschlossen war, meine Hosenbeine auf gleiche Länge zu bringen. Es schien ein ausgesprochener Ästhet zu sein!

Hugo machte zunächst keine Miene, einzugreifen, und so bot ich an, meine Hose in Gänze hier zu lassen.

Schließlich soll man ja auch den Charakter eines Hundes nicht verbiegen!

Glücklicherweise ging in diesem Moment draußen gerade der Briefträger, der Intimfeind aller Hunde, auf seinem Sonntagsspaziergang vorbei, und ich konnte diese Unterbrechung nutzen, um - wiederum über den Umweg Briefkasten - die gastliche Stätte zu verlassen.

Zerbrochen an Leib und Seele schleppte ich mich Richtung Heimat.

Wie sollte ich meinen Kindern je wieder unter die Augen treten! Was hatte ich ihnen alles angetan! Ich hatte sie ihrer Freiheit beraubt, ich hatte sie erpresst, ich hatte sie körperlich und seelisch misshandelt und missbraucht!

Warum liebten sie mich noch?

Einen verbrecherischen, einen Rabenvater!

Denn das taten sie augenscheinlich. Stürmten sie mir doch an jedem Abend, wenn ich vom Büro nach Hause kam, fröhlich entgegen und schmiegten sich - igitt! - zärtlich an mich!

Und wie sollte ich künftig mit ihnen umgehen?

Wie sollte ich ihnen erklären, dass sie von mir nie wieder einen Kuss erhalten -, ich sie nie wieder zärtlich berühren und streicheln würde?

Und wie vor allem sollte ich meiner Frau begreiflich machen, dass ich mich von nun an streng an die modernen, tiefenpsychologisch fundierten Erkenntnisse der Erziehungswissenschaft halten würde?

Nein - am besten war's wohl, uns von den Kindern zu trennen, sie in die Hände staatlich ausgebildeter und geprüfter Erzieher zu geben, und sie mit deren Erlaubnis manchmal zu besuchen.

Bei diesem Gedanken wurde mir schwer ums Herz. So schwer, dass mich meine Füße kaum noch tragen wollten. Und so setzte ich mich auf die Leitplanke der Autobahn.

Umtost von der Geschäftigkeit des brausenden Lebens auf vier Rädern kam ich bei weiterer Überlegung zu der Einsicht, dass es wohl einfacher wäre, mich zu erschießen.

Oder meine Frau.

Oder gleich uns beide?

Auf jeden Fall würde das die billigere Lösung sein.

Aber vielleicht könnte man auch einen Kurs der Volkshochschule besuchen, um erziehungstechnisch immer auf dem Laufenden zu bleiben?

Stellte sich nur die Frage, wer in dieser Zeit dann auf die Kinder aufpassen würde, während meine Frau und ich erzogen würden.

Um ehrlich zu sein - nun traute ich mich schon gar nicht mehr nach Hause. Jedenfalls nicht, solange ich zu keiner Lösung gekommen war.

Und dann fiel mir etwas ein.

Ich würde Hugo fragen!

Entschlossen machte ich mich auf den Rückweg.

Hugo wusste immer alles und war in allen Belangen stets auf der Höhe der Aktualität. Er wusste sicher, was zu tun war!

In seinem Hause brannte noch Licht. Gerade wollte ich klingeln, als sich drinnen lautes Stimmengewirr erhob.

Mein Zeigefinger, der sich bereits gekrümmt hatte, um den Klingelknopf zu drücken, blieb mitten in der Luft hängen.

Dann zog ich die Hand respektvoll zurück.

Wenn in einer demokratischen Familie unter gleichberechtigten Mitgliedern eine der berühmten sachlichen Diskussionen zur Entscheidungsfindung stattfand sollte man als Unberufener tunlichst nicht stören!

Das Durcheinander der Stimmen - ein Mal Bass, zwei Mal heller Sopran, und ein Mal kreischender Diskant - hielt eine Weile an und nahm mehr und mehr an Intensität zu.

Die sachliche Diskussion schien sich einem Höhepunkt zu nähern!

Schließlich schrien alle wild durcheinander, bis Hugos donnerndes Organ den Sieg davon trug.

Begleitet von einem Geräusch, das verblüffende Ähnlichkeit mit dem Klatschen einer kräftigen Ohrfeige hatte, brüllte er:

„so, das musste wieder einmal sein! Und wenn ich dich noch ein Mal dabei erwische, wie du unsere schöne Stereoanlage auseinander nimmst, bloß um zu sehen, was drin ist, kannst du was erleben! Vier Wochen wirst du in deinem Zimmer bleiben und es nur für die Schule verlassen. Mindestens! Und Taschengeld gibt's auch erst wieder, wenn die Anlage repariert ist! Du wirst es schon noch aushalten, bis das Fernsehgerät wieder funktioniert. Man soll's nicht glauben, auf welche Ideen so ein Bengel vor lauter Langeweile kommt, wenn er mal ein paar Tage nicht fernsehen kann!“

Nun mischte sich eine Kinderstimme ein, worauf Hugos dröhnendes Organ zu Piano wechselte und einen zärtlichen Klang annahm.

„Nein, mein Schatz. Er wird's schon noch lernen. Und jetzt komm' und gib Papi einen Kuss. Und wenn du schön brav bist darfst du nachher mit dem neuen Teddybären noch ein bisschen zu Papi ins Bett kommen!“

Ich weiß nicht, ich weiß nicht....

Ob ich Hugo statt des Cognacs nicht doch lieber ein Laufställchen schenken sollte?

ZELLTEILUNG

Vor der großen Tafel mit der Aufschrift „DURCHFAHRT VERBOTEN!“ stockte der Verkehr. Eine Umleitung war nicht ausgeschildert.

Das misstönende Hupkonzert erstarb schließlich, man ergab sich in sein Schicksal. Immerhin - jetzt war Mittagszeit, und seit immer mehr Bundesbürger ihren Urlaub in Spanien verbringen ist auch uns die Siesta heilig geworden.

Noch ehe ich die Zeitung aus dem Handschuhfach holen konnte wurde die Beifahrertür aufgerissen, und eine wohlbekannte Gestalt quetschte sich auf den Sitz neben mir.

Die Fahrertür war nicht zu öffnen - dazu stand der nächste Wagen zu eng neben dem meinen. Und so begrüßte ich meinen bestgehassten Freund Hugo notgedrungen mit einem herzlichen „ach du lieber Himmel - Hugo!“

Er nickte nur, holte ein Taschentuch heraus und wischte sich die Stirn. Dann stieß er unvermittelt hervor: „das ist das Ende! Da vorne beginnt der letzte Akt!“

Meine Stirn legte sich in Falten.

„Was?“

„Da - da - siehst du nicht? Unser Staat bricht zusammen!“

Ich musterte ihn misstrauisch. War er plötzlich verrückt geworden?

Gewiss, er war auffallend blass, seine Hände zitterten, große Schweißtropfen bedeckten seine Stirn, die Augen flackerten. Aber das konnte normale Nervosität sein.

Oder doch nicht?

Sicherheitshalber warf ich einen Blick durch die Frontscheibe.

Auch hier schien alles normal: der tiefe Krater der Baustelle, die Autoschlange davor, das nicht vorhandene Umleitungsschild, und vereinzelte Fußgänger, die, auf den Holzbalken der Absperrung balancierend versuchten, die Straße zu überqueren.

Keine Anzeichen des nahenden Weltunterganges also.

„Entschuldige - aber das musst du mir schon näher erklären“, schüttelte ich den Kopf.

Hugo steckte das Streichholz zwischen die Lippen und rieb die Zigarette an der Reibefläche der Streichholzschachtel.

„Das Gesetz der Zellteilung! Es ist unser Ruin!“

Dieses Gesetz kannte ich - vor allem vom Rost an meinem Auto her, der sich mit der Geschwindigkeit einer Bakterienkultur vermehrte.

„Aber was hat die Zellteilung....?“

Mit einem Ruck wandte er sich mir zu.

„Sieh hinaus! Weißt du, was da gebaut wird?“

„Nee. Wahrscheinlich ein neuer Supermarkt oder so was“.

„Ha - Supermarkt!“, heulte er auf und packte mich am Kragen.

„Lies das Schild da drüben!“

Mühsam wandte ich den Kopf und las: hier entsteht ein neues Verwaltungsgebäude des Bundesamtes für die Entschädigung der Abgasgeschädigten.

Na schön, was soll's. Ein neues Amtsgebäude also. Das war doch nichts Besonderes. Ich konnte nicht begreifen, was Hugo daran so aufregte!

„Also wirklich - was stört dich denn daran?“

Hugo hob in einer verzweiflungsvollen Gebärde die Hände, und ich benutzte geschwind die Gelegenheit, die Sitzordnung wieder herzustellen.

„Er versteht es nicht!“, keuchte Hugo.

„Mein Gott - so wie er sind Millionen in unserem Lande blind! Aber ich werde es dir erklären, wenn du willst.“

Ich wollte nicht - doch das hat Hugo noch nie davon abgehalten, das berüchtigte Schatzkästlein seines Wissens zu öffnen!

„Ooch...eigentlich...“

„Na gut, dann hör' zu. Angefangen hat es vor zehn Jahren. Damals wurde das Gesetz verabschiedet, das allen Abgasgeschädigten eine laufende Entschädigung zusprach. Erinnerst du dich?“

„Ja, natürlich, schon...“

„Nachdem dieses Gesetz durch war stellte man fest, dass zur Bearbeitung der vielen Anträge eine eigene Behörde notwendig war, die man also einrichtete. Nach dem klassischen dreistufigen Verwaltungsprinzip wurde in jeder Stadt über fünfzigtausend Einwohner eine Ortsbehörde angesiedelt, auf Länderebene die entsprechenden Mittelbehörden, und schließlich die oberste Bundebehörde, die dem Ministerium für Umweltschutz, Landwirtschaft und Forsten angegliedert wurde.“

„Aber das weiß ich ja alles!“

„Unterbrich mich nicht! Ich komme nämlich jetzt zum springenden Punkt, den ich dir am Beispiel unserer Stadt erkläre. Natürlich gilt das gleichzeitig für alle anderen Städte, und wohl bald auch für die Dörfer und Weiler. Ebenso gilt das, was ich zu den Ortsbehörden bei uns sage, analog auch für die Mittelbehörden. Und schließlich kannst du es auch auf alle anderen Verwaltungen anwenden, denn dort läuft es genauso!“

Ich wurde etwas unruhig. Wenn das so weiter ging musste ich mir etwas einfallen lassen. Das Einzige, was mir im Moment in den Sinn kam, wäre ein Sprung durchs offene Fenster gewesen - doch dann hätte ich meinen Wagen zurück lassen müssen.

Nein - das kam nicht in Frage.

„Also“, fuhr Hugo fort.

„Nimm das Entschädigungsamt für Abgasgeschädigte in unserer Stadt. Anfangs bestand das Personal aus 18 Beamten, die die Anträge bearbeiteten, und zwei weiteren, die schließlich das Geld überwiesen.“

„Hm“.

„Nach einiger Zeit stellte man jedoch fest, dass die subalternen Beamten die Möglichkeit besaßen, in die eigene Tasche zu wirtschaften. Vielleicht haben es auch einige getan, so genau weiß ich das nicht“.

„Nur die subalternen?“

„Unterbrich mich doch nicht immer! Die höheren Beamten hatten ja nur unterschrieben - und schließlich kann man sich ja mal irren!“!

„Ach was!“

„Natürlich wurden die Mitarbeiter, die sich etwas hatten zu Schulden kommen lassen, sofort aus dem Dienst entfernt und dafür neue Beamte eingestellt. Um aber derartige Veruntreuungen künftig zu verhindern richtete man fünf neue Dienstposten ein für Beamte, die die subalternen Sachbearbeiter zu überprüfen hatten“.

„Sehr vernünftig!“

„Von wegen vernünftig! Nach einiger Zeit deckte die Presse einen Skandal auf: zwei der fünf Aufsichtsbeamten hatten sich bestechen lassen, wurden ebenfalls gefeuert und leben jetzt von dem Geld, das sie auf einem Konto auf den Cayman-Inseln in Sicherheit gebracht hatten.“

„Ach was!“

„Das Spiel wiederholte sich. Zudem wurden jetzt drei Oberaufsichtsbeamte eingestellt. Und damit von denen keiner auf dumme Gedanken kam wurde noch der Dienstposten eines Hauptaufsichtsbeamten eingerichtet, der dem Minister jeweils direkt untersteht“.

„Du meine Güte!“

„Das ist doch erst der Anfang! Als Oberaufsichtsbeamtem steht einem nämlich eine Sekretärin zu. Und so betrug die Beschäftigtenzahl der Dienststelle statt zwanzig jetzt plötzlich achtunddreißig. Daraus ergab sich nun ein räumliches Problem, denn für zwanzig Leute war die Etage des gemieteten Geschäftshauses ausreichend gewesen. Um fast die doppelte Anzahl unterbringen zu können musste der Bund das ganze dreistöckige Gebäude anmieten. Später dann kaufte er es, um die Miete zu sparen."

„Klar", nickte ich.

„Blieb ja auch nichts Anderes übrig!"

Hugo schnaubte.

„Und du hältst das für ganz in Ordnung, was? Dann pass' nur weiter auf: bislang waren die Personalakten der Bediensteten der Ortsbehörden von den Mittelinstanzen bearbeitet worden. Durch die generelle Personalaufstockung auf allen Stufen wären diese Mittelinstanzen nun völlig überlastet gewesen. Also delegierte man die Aufgabe an die Ortsinstanzen selbst".

„Na und?"

„Na und? Natürlich musste nun bei den Ortsbehörden eine eigene Personalabteilung geschaffen werden. Dafür gab es aber im Gebäude selbst keinen Platz mehr. Ergo kaufte man ein weiteres Haus samt Grundstück auf und brachte darin sowohl die Personalabteilung - als auch die ab zwei Liegenschaften vorgeschriebene Abteilung für Bauunterhalt und Liegenschaftsverwaltung unter. Damit war die erste Zellteilung erfolgreich vollzogen!"

„Na ja...."

Ich wandte mich unruhig auf meinem Sitz.

„Ein gewisser Verwaltungsaufwand ist schon erforderlich!"

Hugo seufzte resignierend.

„Ja. Damit die Verwaltung sich selbst verwalten kann!

Dabei bin ich noch lange nicht fertig! Der Behörde entstanden ja nämlich auch interne Kosten, wie für Löhne und Gehälter, Mittel für den Bauunterhalt, Reisekosten und so weiter. Flugs wurde eine weitere Abteilung ins Leben gerufen, nämlich die Abteilung Haushalt.

Aber es geht immer noch weiter!

Um das Ansehen der Behörde in der Öffentlichkeit nicht zu schädigen wurden einige Arbeiter eingestellt, die die Pflege der Grünflächen um die Gebäude übernahmen. Außerdem benötigte man zwei Pförtner und zwei Amtsboten“.

„Das war wohl nicht zu umgehen“.

„Natürlich nicht!“, höhnte Hugo.

„Wer kann schon einem höheren Beamten zumuten, seine Post selbst zur Registratur zu bringen! Übrigens ging es jetzt immer schneller: es folgte wieder eine neue Abteilung, die die juristischen Fragen übernahm und bei Klagen die Dienststelle vor Gericht vertrat. Endlich fielen in den Dienstgebäuden die ersten Reparaturen an, und man errechnete, dass es langfristig gesehen günstiger war, wenn man eigene Handwerker einstellte. Also wurde das Personal um einen Schlosser, einen Schreiner, einen Elektriker, einen Installateur, einen Kanalarbeiter und einen Maurer aufgestockt!“

„Moment mal - das sind ja jetzt schon....“

„Genau! Ich bin aber immer noch nicht am Ende. Die Behörde war natürlich gehalten, alle Ansprüche zu überprüfen, schließlich geht es ja um Steuergelder. Stichprobenartig und direkt vor Ort, versteht sich. Zunächst benutzten die Beamten dazu ihre eigenen Pkw. Da jedoch die Entschädigung hierfür sehr gering war sah man sich bald genötigt, einen behördeneigenen Fuhrpark samt Fahrern zu installieren. Eigentlich wollte man auf die Fahrer zunächst verzichten und den Beamten nur die Fahrzeuge zur Verfügung stellen. Schließlich hat heute ja jeder den Führerschein. Doch das scheiterte am massiven Einspruch der Gewerkschaften, die die Arbeitsplätze für Behördenkraftfahrer nicht wegrationalisiert sehen wollte."

Mir schwante etwas!

„Hugo - du willst doch nicht etwa sagen....!“

„Doch! Wieder kam man in Raumnot. Und so wurde das dritte Gebäude gekauft.

Gleichzeitig erwies sich der Instanzenweg vom Sachbearbeiter über Aufsichts -, Oberaufsichts - und Hauptaufsichtsbeamten als zu lange, die Anträge begannen sich zu stauen. Und so sah man sich gezwungen, Vorprüfungsstellen einzurichten, wieder mit allem, was dazu gehört. Es war nicht mehr aufzuhalten, und so...“

Mir brach der kalte Schweiß aus!

„Also wird da vorne.....“

„...da vorne wird bereits das vierte Amtsgebäude dieser Behörde dieses Mal neu gebaut!“

Ich sank in meinem Sitz zusammen.

Die Zellteilung - jetzt verstand ich, was er meinte!

Das hier war ja nur eine Behörde von vielen! Da gab es noch Kreisverwaltung, Stadtverwaltung, Forstverwaltung, Finanzverwaltung, Bundeswehrverwaltung, Bundespolizeiverwaltung und weiß Gott was noch alles.

Vor meinem geistigen Auge entstand die Schreckensvision einer Bundesrepublik, die nur noch aus Verwaltungen bestand - koordiniert und verwaltet von der obersten Verwaltungsverwaltung!

Hugo zerrte nervös am Türgriff.

„Das dauert mir zu lange hier - ich muss gehen. Ich habe um halb drei Uhr einen Vorstellungstermin“.

Ich half ihm eifrig und beflissen, die Tür zu öffnen, konnte eine letzte Frage jedoch nicht unterdrücken, auch auf die Gefahr hin, ihn zum Bleiben zu bewegen.

„Willst du dich beruflich verändern?“

Er stieg aus und beugte sich in der offenen Tür zu mir herab.

„Ja. Man muss die Zeichen der Zeit erkennen“.

„Aha - und wo willst du hin? Ich meine - wo musst du dich vorstellen?“

„Beim Oberbürgermeister. Da ist eine Stelle in der Stadtverwaltung frei!“

Er knallte die Tür zu, sprang über den Kühler des nächsten Wagens und machte sich davon.

Ich holte tief Luft. Für einen Moment hatte er mich wirklich nervös gemacht.

Doch so schlimm würde es schon nicht werden!

Viel Zeit zum Nachdenken blieb mir nicht, denn wie so oft in derartigen Situationen geschah jetzt genau das, was man am wenigsten erwartet hatte. Ein Polizist war plötzlich erschienen und begann die Fahrzeuge in eine Seitenstraße zu dirigieren.

Nach kurzer Verblüffung setzte sich die Schlange in Bewegung.

Doch wir kamen nicht weit.

Fünf Minuten später stockte der Verkehr erneut, und als ich zum Fenster hinaus sah, las ich: „HIER ENTSTEHT EIN NEUER GEBÄUDEKOMPLEX FÜR DAS FINANZAMT N. WIR BAUEN FÜR SIE!"

Das stimmte mich nachdenklich.

Ein Passant, dem mein Gesichtsausdruck wohl als der eines Verzweifelten erschienen war, blieb stehen und kam zu mir herüber.

„Da geht's nicht weiter, unmöglich! Sie sollten es woanders versuchen!"

„Vielleicht durch die Sauterstraße?"

„Um Gottes Willen!"

Er hob abwehrend die Hände.

„Da baut das Umweltamt gerade neu. Da ist alles zu!"

„Verflixt - und die Brucknerstraße?"

„Auch gesperrt. Da reißen sie gerade das alte Migrationsamt ab. Es soll doppelt so groß neu wieder aufgebaut werden. Ja, ja, es tut sich was in unserem Land. Überall wird gebaut! Am besten versuchen sie es durch die Jahnstraße".

„Ah ja", nickte ich, „vielen Dank!"

Der hatte gut reden!

Um in die Jahnstraße zu kommen hätte ich gut zweihundert Meter zurückfahren -, beim Amt für Reblausbekämpfung links abbiegen - und am Forstamt vorbei bis zur Bundespolizei fahren müssen. Erst von dort aus hätte ich durch den Nibelungenweg beim Amt für Wasserwirtschaft den Wagnerring erreicht, der in Höhe der Dienststelle des Bundesamtes für den Güterverkehr dann in die Jahnstraße mündet.

Ein hoffnungsloses Unterfangen!

Seufzend holte ich nun doch die Zeitung hervor.

Die balkendicke Überschrift, rot unterstrichen, ließ mich aufatmen.

„AMTSGEBÄUDE DES LUFTFAHRTBUNDESAMTES VÖLLIG AUSGEBRANNT!“

Na also! Ab und zu brannte ja auch einmal eine Behörde ab.

So sorgt die Natur immer wieder für einen gesunden Ausgleich.

Wie Hugo sich nur so aufregen konnte!

Nun ja - es gibt schließlich immer noch ein paar, die nicht im Öffentlichen Dienst beschäftigt sind.

Ein Glück, dass ich nicht dazu gehöre!

S'ERNEL

Vor ein paar Jahren zogen wir wieder einmal um. Unsere gemeinsamen Einkünfte erlauben uns kein Wohneigentum - und so hatte meine Frau demokratisch beschlossen, dass wir den Mietvertrag in einem Dreifamilienhaus zu unterschreiben hatten.

Dieses Haus liegt in einem der kleinen Randgebiete unseres Ortes, einer reinen Wohngegend also, und das war der Hauptgrund gewesen, warum meine Frau ausgerechnet von dieser Wohnung so angetan war. Vierzehn Tage vorher hatte sie sich - „du brauchst da nicht dabei zu sein, du störst eh nur!" - die drei Zimmer, Küche und Bad angesehen und war regelrecht begeistert davon gewesen. Vor allem hatte sie die tiefe, ja friedhofsmäßige Stille beeindruckt, die diese Gegend auszeichnete.

Unsere alte Wohnung lag nämlich direkt an der Hauptstraße, und jeder vorüber fahrende Lastwagen hatte ein mittleres Erdbeben zur Folge und rief bei uns nervöses Zähneklappern hervor. Zudem erhob sich direkt hinter dem Haus der trutzige Kirchturm, der in schöner Regelmäßigkeit sein volltönendes Geläut über Land und in unser Familienleben schickte und die Gläubigen zum Gebet rief. Unsere Nachbarn zur Rechten waren die Polizeidienststelle und das Feuerwehrgerätehaus mit unüberhörbaren Alarmeinrichtungen an ihren Fahrzeugen - und um die Sache rund zu machen betrieb unser Vermieter im Hof hinter dem Haus eine Reparaturwerkstätte für Mopeds, Motorräder und andere Lärminstrumente, die auf dem dazu gehörenden Prüfstand bei Vollgas auf ihre Leistungsfähigkeit getestet wurden.

Zu allem Überfluss aber war kurz nach unserem Einzug auf der gegenüber liegenden Straßenseite eine italienische Eisdiele eröffnet worden, deren Besitzer vor allem in lauen - aber auch in weniger lauen Sommernächten die Tür stets offen hielt, wobei die Musikanlage uns die neuesten Jugendhits ins Gedächtnis hämmerte.

Selbst meine Frau, die sonst ein Verächter der modernen - , dagegen ein unbedingter Enthusiast der klassischen Musik ist, sang nach einiger Zeit die Titel unwillkürlich in den höchsten Tönen mit, und war, zum Erstaunen der Auszubildenden an ihrer Dienststelle, zu jedem Zeitpunkt über sämtliche diesbezügliche Neuerscheinungen und die Charts bestens informiert.

Um uns also pulsierte das Leben in seiner vollen Kraft. Dass wir uns dabei gewöhnlich nur brüllend verständigen konnten - nun ja, solche Kleinigkeiten soll man nicht überbewerten.

Trotzdem, ich muss es gestehen, waren wir nicht sonderlich traurig darüber, in eine Gegend mit etwas gedämpfterem Pulsschlag kommen zu können.

Dass die Hoffnung meiner Frau auf erholsame Ruhe bald wie eine Seifenblase platzte, weil sie die Wohnung an einem Vormittag besichtigt hatte, als sämtliche Kinder im Unterricht der benachbarten Schule saßen - das ist eine andere Geschichte.

An einem sonnigen Vormittag im Mai hielt also der Möbelwagen vor dem Haus, und nun lernten wir auch unsere Mitmieter kennen.

Im dritten Stock, in der Dachwohnung, hauste eine alte, verwitwete Dame, die uns nur kurz begrüßte und sich dann eilig davon machte. Wie wir später erfuhren bestand ihre Hauptbeschäftigung darin, die Termine der verschiedenen Kaffeekränzchen, zu denen sie eingeladen war, im Gedächtnis zu behalten, um sie nach erfolgreichem Besuch im Geiste als erledigt abzuhaken.

Über uns, im zweiten Stock, wohnte ein kinderloses Ehepaar, ebenfalls im Rentenalter. Der Mann schien seiner Arbeit nachzugehen und war nicht zu Hause. Seine Frau dagegen stand an der Gartentür um uns willkommen zu heißen und unseren Einzug zu begutachten.

Es dauerte nicht lange und „s'Ernel“, wie sie selbst von den gewichtigen Möbelpackern in einer Mischung aus angstvollem Respekt und verschüchterter Hochachtung genannt wurde, hatte die Oberaufsicht übernommen. Bereits am Nachmittag war unsere Wohnung nach ihren Vorstellungen komplett eingerichtet. Der klägliche Versuch meinerseits, wenigstens die Möbel meines Arbeitszimmers wie gewohnt aufzustellen, war schon im Ansatz gescheitert.

Endlich, in einem Anfall akuter Verzweiflung, wurde es selbst mir zu bunt und ich wollte aufbrausen. Doch meine Gattin belehrte mich dahingehend, dass es nicht gentlemanlike sei, bereits am ersten Tag einen Streit mit den Nachbarn vom Zaun zu brechen - immerhin könne ich ja alle Möbel nach Frau Erna Riedels Abgang wieder umstellen - eine Vorstellung, die mir angesichts der massiven Eichenholzmöbel bereits jetzt den Schweiß auf die Stirn trieb. Und so konnte „sErnel“ uns auch noch unseren Kaffee kochen.

Zu unserer Überraschung zog sie sich dann plötzlich zurück. Meine gentlemanlike Gattin wollte sie in einer tollkühnen Regung der Höflichkeit noch zu einer Tasse Kaffee einladen, prallte jedoch erschrocken zurück als ihr erwidert wurde: „nein, nein, das geht nicht. Mein Schatz kommt bald. Wenn der alte Knotterkopf heim kommt muss das Essen auf dem Tisch stehen. Also, ich geh jetzt, ihr Leute. Ich muss meine Gequellten und den weißen Käse machen!“

Damit war sie zur Tür hinaus.

So wurde uns gleich am ersten Tag ein tiefer Einblick in die Küchengeheimnisse unserer direkten Nachbarn gewährt, und wir stellten bald fest, dass „Gequellte und weißer Käse“ das Hauptgericht bei der Familie Riedel zu bilden schien.

Meine sonst so starke Frau verschloss mit zitternder Hand hinter ihr die Tür und stieß dann einen Seufzer aus, der für zehn Seufzerbrücken gereicht hätte und alles in den Schatten stellte, was ich bislang von ihr gehört hatte.

„Mit der werden wir noch was erleben!", behauptete sie ahnungsvoll.

Gute Ehepartner verstehen sich auch ohne Worte - über diesen Tag wurde kein Wort mehr verloren.

Mit der Zeit lernten wir „s'Ernel" noch näher kennen, ob wir wollten oder nicht, da kaum ein Tag verging, an dem sie nicht, Einlass begehrend, heftig an unsere Tür bollerte. Ein Vorgang, der uns verzweifelt an die Lastwagen in unserer vorherigen Wohnung erinnerte.

In einem einzigen Ansturm gelang es ihr, ohne Rücksicht auf Verluste, alle etwaigen Hindernisse der Reserviertheit und Distanz nieder zu rennen.

Allerdings muss ich auch gestehen, dass wir ein paar Geheimwaffen entwickelten, die zu einer Art passivem Widerstand führten.

Doch selbst das half nicht viel. In einem kleinen Bauern- und Winzerdorf aufgewachsen, das keine verschlossenen Türen kannte, existierte der Begriff „Privatsphäre" in ihrem Wortschatz einfach nicht. Unsere Angewohnheit, die Wohnungstür abzuschließen führte deshalb einige Male zu einer blutigen Nase - was meiner sonst so gutherzigen Frau ein bösartiges und triumphierendes Lächeln entlockte.

Interessant war auch, dass fast jeder im Ort sie kannte, wie wir bald bemerken mussten.

Der Ablauf war immer der gleiche. Wir trafen Bekannte, und irgendwann kamen wir ganz selbstverständlich auf unseren Umzug und die neue Wohnung zu sprechen. Fiel der Name Riedel ernteten wir meist nur höfliches Schulterzucken und ein ebenso höfliches Lächeln. Doch dann erklärte meine Gattin, Frau Riedel heiße Erna mit Vornamen, aber die meisten riefen sie - sie zierte sich dabei stets ein bisschen - na ja, Ernl oder so.

Unser jeweiliger Gesprächspartner riss dann jedes Mal die Augen weit auf und trat einen Schritt zurück.

„Ach - d i e Frau Riedel! S'Ernel! Ja...ja...die kenne ich!"

Worauf dann ein sehr hastiger Abschied erfolgte und er sich so eilig entfernte, als hätten wir eine gefährliche Krankheit und er Angst, sich anzustecken.

Da Frau Riedel jedoch nicht bösartig war und wir einfach den Mut nicht aufbrachten, gegen die Regeln der Höflichkeit zu verstoßen, nahmen wir sie bald wie ein unvermeidliches Übel, einen Schnupfen zum Beispiel, hin, und nach und nach wurde sie uns sogar bis zu einem gewissen Grade sympathisch. Denn sie war, das mussten ihr selbst ihre Feinde zugestehen, stets bereit zu helfen - ob nötig oder nicht.

Allerdings zwang sie uns auch, immer wieder neue Erfahrungen zu sammeln.

Eines Tages fragte sie mich, ob ich sie nicht schnell ins Zentrum begleiten wollte, um ein paar Einkäufe zu erledigen. Leicht misstrauisch erinnerte ich mich an ein Gespräch in einem Lebensmittelladen, bei dem eine flüchtige Bekannte mich eindringlich davor gewarnt hatte, mit dem „Ernl" derartige Gänge zu machen.

„Einmal habe ich mich dazu überreden lassen", erzählte sie.

„Einmal - und nie wieder!"

Und schaudernd in der Erinnerung zahlte sie hastig und eilte von hinnen.

Ich blieb verständnislos und kopfschüttelnd zurück. Was konnte an einem harmlosen Einkaufsbummel so schrecklich sein?

An diesem Tag hatte ich eh noch in den Ort fahren wollen, da mir noch ein Geburtstagsgeschenk für meine Frau fehlte. Vielleicht konnte mich meine Nachbarin dabei sogar ein wenig beraten - immerhin war sie ja auch ein Wesen weiblichen Geschlechts.

Allerdings hatte ich in zwei Stunden einen wichtigen Termin einzuhalten.

Aber bis dahin würden wir doch wohl mit Sicherheit wieder zurück sein, hatte sie doch lediglich von einer halben Stunde gesprochen, da sie nur einen Kopf Salat und etwas Obst kaufen wollte.

Kurz entschlossen sagte ich also zu und wir machten uns selbander auf den Weg.

Bis zur Gartentür ging es auch ganz prächtig. Dann allerdings strebte ich nach links, der Garage zu, während sie sich nach rechts wandte.

Wir blieben stehen. Doch bevor ich noch etwas sagen konnte erklärte sie: „nein, nein - wir laufen!“

Meinen schüchternen Einwand, mit dem Wagen seien wir doch viel schneller wieder zurück, wischte sie mit einer Handbewegung beiseite.

„Nein, nicht mit dem Auto. Da erfährt man ja nichts!“

Ob dieser rätselhaften Aussage stutzte ich leicht, da ich sie mit ihrem Wunsch, zu Fuß zu gehen, nicht in Einklang zu bringen vermochte. Doch fand ich keine Gelegenheit, meinem Unverständnis Ausdruck zu geben, denn sie hatte mich am Arm gepackt und zog mich mit sich fort.

Wir mochten etwa hundert Meter zurückgelegt haben, als sie plötzlich, ohne meinen Arm loszulassen, eine neunzig-Grad-Wendung machte und auf die andere Straßenseite hinüber schoss.

Nur meiner hervorragenden Reaktionsfähigkeit hatte ich es zu verdanken, dass ich mit knapper Not, mehr hüpfend als gehend, dem Manöver folgen konnte ohne körperlichen Schaden zu nehmen.

Dann standen wir vor einer älteren Frau, deren entsetzter Gesichtsausdruck sich blitzartig in ein gequältes Lächeln verwandelte.

„Ach, Ernl....!“

„Tag Kattche, wir haben uns aber schon lange nicht mehr gesehen!“

„Ja - seit vorgestern beim Kegeln nicht mehr“, versetzte „s'Kattche“ - das mit bürgerlichem Namen wahrscheinlich Frau Meier oder Müller hieß - tiefsinnig.

Als Nächstes erfuhr ich dann, dass ein gewisses Lienchen ins Krankenhaus gekommen sei, dass der alte Kran sich die Gallensteine habe heraus nehmen lassen - groß wie Taubeneier! - und derlei höchst interessante und wichtige Dinge mehr.

Während ich noch darüber nachgrübelte, wie ein Kran zu Gallensteinen kommen könne, und wo bei einer derartigen Stahlkonstruktion die Galle überhaupt sitzen mochte, hatte das Thema bereits mehrfach gewechselt.

Nun vernahm der gebannt Lauschende, dass schlechtes Wetter zu erwarten sein - dem Onkel Heiner sein abbes Bein tue schon den ganzen Tag schmerzen! - , dass wir alle Regen brauchen könnten, dass die Eckner-Liesel mit dem Körner- Hans ginge, dass Büttners schon wieder ein Kind erwarteten, dass...

Kurz, die „hast du schon gehört?“, wollten überhaupt keine Ende nehmen. Sie wurden von den beiden Damen abwechselnd hervorgestoßen, während die jeweils folgende Neuigkeit von der Zuhörerin durch ein teilnahmsvolles „tz,tz,tz!“ oder ein empörtes „nein - ist das wahr!“ gewürdigt wurde.

Nach einer viertel Stunde begann ich meine Begleiterin am Ärmel zu zupfen. Nicht nur, weil ich weiter gehen wollte, sondern vor Allem, weil sie noch immer meinen Arm festhielt und bei den erregenden Neuigkeiten, die sie da erfuhr, damit begann, ihre Finger immer tiefer in meinen Oberarm einzugraben.

Ich muss bei dieser Gelegenheit erwähnen, dass sie früher als Masseurin in einem Krankenhaus tätig war. Nach langen Berufsjahren unterscheiden sich die Hände solcher Personen nur noch unwesentlich von Wasserpumpenzangen - mühelos gelingt es ihnen, festsitzende Schrauben ohne weitere Hilfsmittel lediglich mit Daumen und Zeigefinger zu lösen!

Auf mein Zupfen erhielt ich zunächst nur ein barsches „warte halt noch einen Augenblick!"

Als ich jedoch nach weiteren zehn Minuten die neuerliche Scheidung eines gewissen Litzel umso schmerzhafter zu spüren bekam, riss ich mich mit einem unterdrückten Wehlaut gewaltsam los.

Das brachte sie zur Besinnung und man begann, sich zu verabschieden.

Nach abermals zehn Minuten konnten wir dann endlich unseren Weg fortsetzen.

Als ich mir vorsichtig erlaubte, an die Zeit zu erinnern, meinte sie nur lapidar: „laufen wir halt ein bisschen schneller!"

Noch waren wir unserem Ziel keine fünfzig Meter näher gekommen, als ein gellender „huhu - Ernl!" - Schrei mich entsetzt zusammenfahren ließ. Meine Begleiterin sandte ein ebensolches „huhu"-Indianergeheul nach der anderen Straßenseite hinüber und haschte nach meinem Arm, den ich ihr geistesgegegwärtig durch einen raschen Seitensprung entzog.

Dafür erwischte sie mich am Zipfel meiner Jacke. Es folgte die bekannte Wendung und ich fühlte mich über die Straße gezerrt.

Drüben stand erneut eine ältere Frau, die mir eine sonderbare Ähnlichkeit mit der soeben Verabschiedeten - als auch mit unserer Nachbarin selbst zu haben schien, obwohl die drei ganz gewiss weder verwandt noch verschwägert waren.

Die zwei Damen begannen gleichzeitig.

„Ach, Bienchen, gerade habe ich das Kattche getroffen...."

„Mensch, Ernl, weißt du schon, dass...."

Eine Weile redeten beide weiter, ehe das Bienchen den Sieg davon trug.

Wider Willen erfuhr ich nun, dass der Bauer Lützel kurz vor dem Bankerott stünde - „kein Wunder, nach der Scheidung", wagte ich einzuwerfen, und wurde ärgerlich belehrt, dass es sich hier um den Lützel mit zwei i handle (!?) - dass Kunzens ihre Gören schon wieder eine Scheibe eingeschmissen hätten, dass der Wirt der Kneipe „zum goldenen Hahn“ selbst sein bester Kunde sei und gestern wieder total besoffen auf der Straße gelegen hätte, dass......

Aus Erfahrung gewitzt begann ich Frau Riedel schon nach den ersten zehn Minuten am Ärmel zu zupfen - und so konnte ich dieses Mal den stolzen und völlig unerwarteten Erfolg verbuchen, dass wir uns bereits nach zwanzig Minuten wieder auf den Weg machten.

Doch schon stießen wir erneut auf ein Hindernis!

Ein älterer Herr kam uns nämlich auf unserer Straßenseite entgegen. Als er uns im Aufblicken bemerkte verwandelte sich die gerade auf uns zuführende Linie seines Weges in eine höfliche - aber sehr deutliche und ausdrucksvolle Kurve.

Doch schon in der Mitte der Straße hatten wir ihn gestellt!

„Ach Gott, Karl, kennst du mich nicht mehr?“

Der Herr murmelte etwas von „in Gedanken sein“ und einer „vergessenen Brille“.

Aber es gab kein Erbarmen, und so erhielt auch er seinen Packen Neuigkeiten mit auf den Weg - worüber er allerdings nicht sonderlich glücklich zu sein schien.

Ich empfand tiefes Mitleid mit ihm - vielmehr aber noch mit mir selbst. Hatte ich doch sämtliche Neuigkeiten nunmehr bereits zum zweiten oder gar dritten Male gehört.

Eine der seltenen Atempausen benutzte der Herr um geschwinde einzuwerfen, das alles sei ja sehr interessant. Aber er hätte sie schon lange einmal fragen wollen, wann sie sich wieder bei ihm sehen ließe. Er habe seine Praxis jetzt ganz neu eingerichtet. Unter Anderem besäße er jetzt auch diesen neuen Ultraschallbohrer, diesen Segen der Technik. Und sie wisse doch, dass man mindestens ein Mal pro Jahr seine Zähne nachsehen lassen solle?

Der Abschied war etwas hastig und merklich unterkühlt, und ich beschloss, mir diese Art der Notwehr einzuprägen.

Als wir jetzt in eine Seitenstraße einbogen bemerkten wir vor uns ein junges, händchenhaltendes Liebespaar. Frau Riedel beschleunigte das Tempo, und ich folgte ihr widerstrebend, erneut mehr hüpfend als gehend, Dank meines sich immer noch in ihrer Faust befindlichen Jackenzipfels.

Der junge Romeo vernahm unsere Schritte und wandte sich um.

Für einen Augenblick schien er zur Salzsäule zu erstarren.

Dann drehte er sich abermals um und passte sich unserer Geschwindigkeit an, wobei er dem jungen Mädchen etwas ins Ohr flüsterte.

Sie zuckte zusammen und begann zu rennen, wobei sie ihn an Geschwindigkeit um ein Erkleckliches übertraf.

Das war jedoch nichts gegen das Tempo, mit dem wir hinter ihnen her brausten!

Gnadenlos kamen wir immer näher und hatten sie beinahe erreicht, als die beiden plötzlich in einem Hauseingang verschwanden.

S'Ernel blieb stehen.

„Kuck mal da - der Horst mit der Gabi. Was machen denn die in dem Haus da? Hier wohnt doch keiner von denen!“

Sie stieß die Haustür auf und steckte den Kopf in den düsteren Flur.

Ich zerrte ergebnislos an meiner Jacke und deutete auf das Emailleschild neben dem Eingang, das auf eine Anwaltspraxis hinwies. Dabei murmelte ich etwas von Ehevertrag oder so.

Doch sie schüttelte den Kopf.

„Jetzt schon? Die gehen doch erst seit einer Woche miteinander!“

Immerhin ließ sie sich zögernd dazu bewegen, weiterzugehen, und ich atmete auf, denn wir näherten uns jetzt dem Ortszentrum.

Erneut kam uns ein Mann entgegen.

„Guten Tag“, grüßte ich freundlich.

„Grüß Gott“, erwiderte er ebenso freundlich und ging weiter.

Meine Jackenzipfelbesitzerin blieb stehen.

„Wer war denn das jetzt? Den kenne ich ja gar nicht! Das gibt's doch nicht, dass ich den nicht kenne!“

Ich nickte zustimmend - in einem Ort mit etwa zwanzigtausend Einwohnern ist es schon eine Unverschämtheit, sich in der Anonymität zu verstecken!

Ich selbst kannte den Herrn übrigens nur rein zufällig - und ebenso wusste ich nur durch puren Zufall, dass er hier ein Geschäft eröffnen wollte, allerdeings noch auf der Suche nach einer geeigneten Immobilie war.

Mir kam ein Gedanke. Immerhin hatte der Herr so freundlich gegrüßt...!

„Den kenne ich“, flüsterte ich geheimnisvoll.

„Der ist stinkreich, will aber nicht, dass es jemand erfährt. So viel ich weiß sucht er hier ein Mietobjekt, weil er einen Laden eröffnen will.....!“

Empört über meinen Wissensvorsprung strafte s'Ernel mich mit Stillschweigen - aber ich hätte meinen Kopf verwetten mögen, dass ich dem netten Zeitgenossen zu einer Unterstützung verholfen hatte, wie er sie besser nicht finden konnte!

Mittlerweile hatte ich mir ausgerechnet, dass wir auf dem Rückweg sämtliche Weltrekorde im Bereich Mittelstreckenlauf würden brechen müssen, wollte ich meinen Termin nachher noch einhalten.

Doch immerhin - mit knapper Not konnte es gerade noch so reichen.

Mit Glück, Geschick und dem Instinkt des gebrannten Kindes bugsierte ich meine Begleiterin unauffällig um zwei verdächtig aussehende ältere Damen herum - und endlich hatten wir den Gemüseladen erreicht.

Er war geschlossen.

„Geschäftszeiten: 8.30 Uhr - 12.00 Uhr und 13.30 Uhr - 18:00 Uhr“ stand auf einem kleinen Pappschild zu lesen.

Um 16:30 waren wir aufgebrochen und hätten eigentlich kurz vor fünf Uhr hier sein müssen.

Nunmehr war es jedoch bereits 18:25 Uhr.

S'Ernel zuckte die Achseln.

„Gehen wir halt morgen noch einmal her“.

Und damit traten wir den Rückweg an.

Ich frohlockte innerlich, denn selbst wenn wir uns jetzt nur ein ganz klein wenig beeilten konnten wir in einer viertel Stunde zu Hause sein und ich vermochte meinen Termin einzuhalten.

Die neunzig-Grad-Wendung und der harte Griff am Oberarm überraschten mich völlig!

Ehe ich zur Besinnung kam flog ich förmlich über die Straße, ohne jede Chamnce auf die auch nur primitivste Gegenwehr.

„Huhu, Hettel - du hast mich gar nicht gesehen, gelt? Schau mal - da vorne kommt s'Birgit. Der muss ich was erzählen....!"

Und schon stürzten wir der dritten Dame entgegen, und gleichzeitig erscholl es dreistimmig:

„Huhu - hast du schon gehört....?"

Inhalt